小白SO EASY!
财会书系

会计学
就这么好玩

全彩图解版

雷智翔◎著

金城出版社
GOLD WALL PRESS
中国·北京

图书在版编目(CIP)数据

会计学就这么好玩：全彩图解版／雷智翔著.
—北京：金城出版社，2019.1
ISBN 978-7-5155-1770-4

Ⅰ.①会… Ⅱ.①雷… Ⅲ.①会计学-图解
Ⅳ.①F230-64

中国版本图书馆 CIP 数据核字（2018）第 262102 号

会计学就这么好玩（全彩图解版）

作　　者	雷智翔
责任编辑	岳　伟
开　　本	880 毫米×1230 毫米　1/32
印　　张	7
字　　数	175 千字
版　　次	2019 年 1 月第 1 版
印　　次	2019 年 1 月第 1 次印刷
印　　刷	三河市腾飞印务有限公司
书　　号	ISBN 978-7-5155-1770-4
定　　价	49.80 元

出版发行	金城出版社　北京市朝阳区利泽东二路 3 号　邮编：100102
发 行 部	(010)84254364
编 辑 部	(010)64391966
总 编 室	(010)64228516
网　　址	http://www.jccb.com.cn
电子邮箱	jinchengchuban@163.com
法律顾问	北京市安理律师事务所 18911105819

目录

第3章 会计凭证

第4章 会计账簿设置

第5章 经济业务的核算

第6章 财务会计报告

第7章 企业整体财务分析

第8章 账务处理程序

第9章 财产清查和虚假报表识别

如何使用本书

《会计学就这么好玩（全彩图解版）》是一本专门为刚踏入社会的上班族量身打造的通俗读物，全书共分为9章，每章4～5节。为了能让读者由浅入深、简单明了地掌握这些上班族需要的基本知识，也为了节省读者的宝贵时间，本书在内容上尽量将专业的知识通俗化，从常识的角度来阐述高深的理论。

在阅读页面上，完全采用简单清楚的学习化界面加上图解来辅助解释复杂的概念。此外，在行文中还加上了意味隽永的小故事板块以加深记忆，再加上能让人扩大知识面的More板块，所以阅读这套书就成了一种享受。掌握这套书的内容，你就能迅速地进入会计角色。

大标题

每章都有几个大标题，每个大标题为初学者揭示一个知识要点。

前言 引文

对将要学习的知识要点给予简明精要的说明，并对其重要性及其影响因素做说明。

Tips

一针见血地指出需要注意的事项，提供一些经验诀窍或相关建议。

小故事

每章都有几个与大标题相关的事件或小故事，旨在增加初学者的学习兴趣。

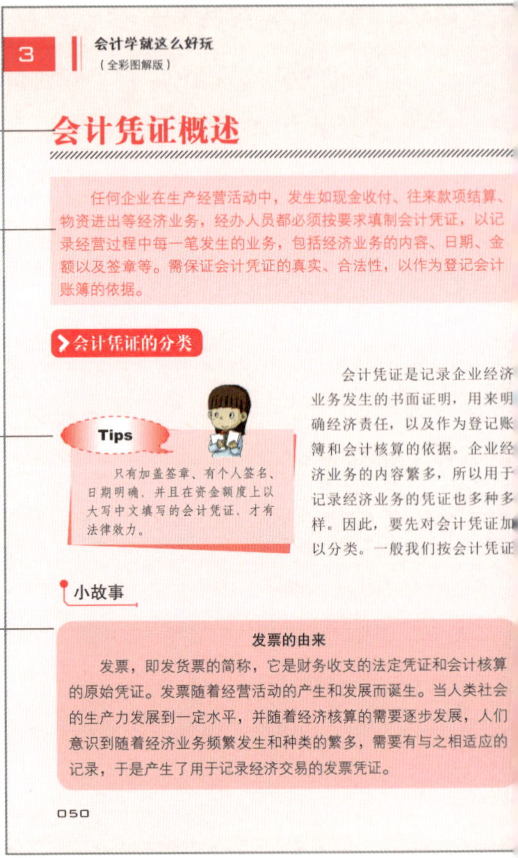

3 会计学就这么好玩（全彩图解版）

会计凭证概述

任何企业在生产经营活动中，发生如现金收付、往来款项结算、物资进出等经济业务，经办人员都必须按要求填制会计凭证，以记录经营过程中每一笔发生的业务，包括经济业务的内容、日期、金额以及签章等。需保证会计凭证的真实、合法性，以作为登记会计账簿的依据。

会计凭证的分类

会计凭证是记录企业经济业务发生的书面证明，用来明确经济责任，以及作为登记账簿和会计核算的依据。企业经济业务的内容繁多，所以用于记录经济业务的凭证也多种多样。因此，要先对会计凭证加以分类。一般我们按会计凭证

Tips

只有加盖签章、有个人签名、日期明确，并且在资金额度上以大写中文填写的会计凭证，才有法律效力。

小故事

发票的由来

发票，即发货票的简称，它是财务收支的法定凭证和会计核算的原始凭证。发票随着经营活动的产生和发展而诞生。当人类社会的生产力发展到一定水平，并随着经济核算的需要逐步发展，人们意识到随着经济业务频繁发生和种类的繁多，需要有与之相适应的记录，于是产生了用于记录经济交易的发票凭证。

050

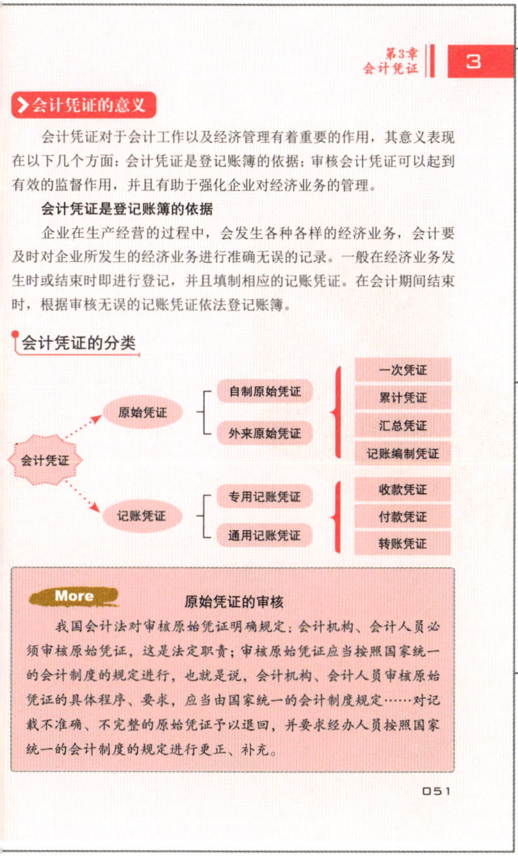
第3章
会计凭证

3

会计凭证的意义

会计凭证对于会计工作以及经济管理有着重要的作用，其意义表现在以下几个方面：会计凭证是登记账簿的依据；审核会计凭证可以起到有效的监督作用，并且有助于强化企业对经济业务的管理。

会计凭证是登记账簿的依据

企业在生产经营的过程中，会发生各种各样的经济业务，会计要及时对企业所发生的经济业务进行准确无误的记录。一般在经济业务发生时或结束时即进行登记，并且填制相应的记账凭证。在会计期间结束时，根据审核无误的记账凭证依法登记账簿。

会计凭证的分类

More **原始凭证的审核**

我国会计法对审核原始凭证明确规定：会计机构、会计人员必须审核原始凭证，这是法定职责；审核原始凭证应当按照国家统一的会计制度的规定进行，也就是说，会计机构、会计人员审核原始凭证的具体程序、要求，应当由国家统一的会计制度规定……对记载不准确、不完整的原始凭证予以退回，并要求经办人员按照国家统一的会计制度的规定进行更正、补充。

051

章名

全面讲述了会计学所涉及的主要内容，每章讲述一个主题。

图解

为了让读者可以一目了然地理解书中概念，本书运用逻辑拆解法将概念间的关系做成图表分析的形式。

More

对前文无法详细说明的重要内容，在此进行详述。

第1章

会计信息准确，企业决策高效

本章教你：

- ▶老板需要知道的会计学要点。
- ▶什么是会计和会计学？
- ▶学习会计学的步骤。
- ▶掌握会计学的关键点。

对于企业经营者来说，只有搞懂会计，才能对企业运行的各种数据有直观的认识，才能更加高效地管理企业，为自己的决策提供更多的选择，成为一个好老板。

这个会计符号是什么意思？会计表格中的特殊数据意味着什么？会计人员有没有在报表中动手脚？……这些层层推进的能力都属于会计范畴，而且是管理者必须掌握的知识。只有将这些数据和表格真正弄明白，老板才能成为一个好老板。

什么是会计和会计学?

会计是一个部门或者机构资产来往问题的处理和处理者，而会计学是这些行为理论和规律的总结。发展到今天，会计已经成了专门的职业，而会计学也成了专门的学问。只有了解会计，才能更好地运营、了解企业。

什么是会计学

会计学主要是对会计核算主体在生产经营过程中的财务活动进行研究、分类以及分析等，结合会计实践活动和理论指导，促使企业生产经营的经济效益不断提高。会计学是现代企业经济管理中一门重要的管理学科，它可以帮助企业老板或管理者全面系统地了解企业的经营状况是好是坏，以及为企业未来发展提供引导依据和规范企业管理等。

会计学包含基础会计学、审计学、高级财务会计学、管理会计学、成本会计学、财务管理学和会计电算化等分支学科。会计学研究的内容包括会计性质、会计职能、会计方法、会计制度、会计对象等。

会计学研究的内容

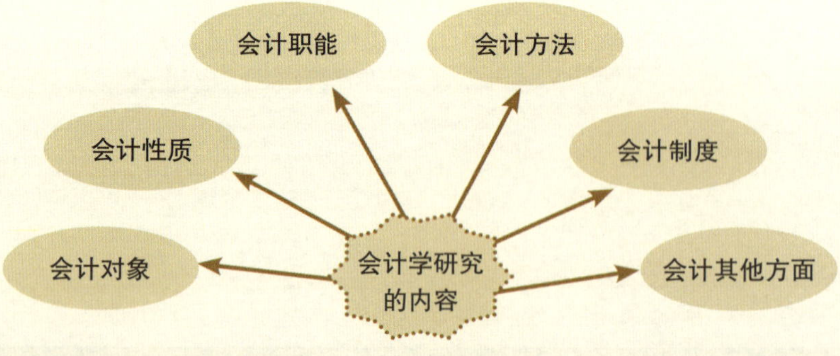

什么是会计

会计是以货币为主要计量单位，以提高经济效益为主要目标，运用方法对企业、机关、事业单位和其他组织的经济活动进行全面、综合、连续、系统的核算和监督，并随着社会经济的日益发展，逐步开展预测、决策、控制和分析的一种经济管理工作。会计的工作内容和流程主要是对经济信息的确认、计量、记录和报告。

会计的诞生是源于经济管理的需要，会计在古代被当作一种记账和算账的工作；而在经济高速发展的现代企业中，会计被认为是一种商业语言，想了解一个公司的整体运营状态和获利能力，最快最直接的方法就是看该公司近年来的会计信息，包括财务会计报表和其他会计信息。会计信息也是每个企业老板或经济管理工作者必须掌握的管理知识。

会计工作四个环节

确认	以一定标准或方法确认经济活动是否可以进行会计处理
计量	以货币为单位确定经济活动的金额
记录	将所发生的经济活动进行记录
报告	编制财务报告，向相关者提供会计信息

会计发展历程

会计学是人们对会计实践进行科学总结而形成的知识体系。会计从诞生至今共经历了3个阶段，分别是古代会计、近代会计和现代会计。

小故事

复式记账法的产生和发展

复式记账法最早出现在12世纪的意大利，当时意大利的商品经济已相当发达。1211年，意大利佛罗伦萨银行就已经使用复式记账法记账，复式记账法在当时被称为“威尼斯簿记法”。1494年，意大利学者帕西奥里在其出版的《算术、几何、比与比例概要》一书中，对“威尼斯簿记法”进行了系统的介绍，并结合数学原理，从理论上加以概括，使复式记账法得以广泛传播，从而奠定了会计学的基础。

古代会计

最早的会计雏形出现于旧石器时代中晚期，随着原始计量的诞生，人类开始对所从事生产活动中的耗费和时间做记录。当时运用的只是原始计量记录方法，如单式记账法、初期的复式记账法等。这个时期的会计计量、记录等工作是同其他计算工作混合在一起的。随着社会生产的日渐发展，规模逐渐扩大，会计才从生产职能中单独分离出来，形成一套专门的计量方法体系和一种独立的管理工作。

近代会计

近代会计的时间跨度是从1494年至20世纪40年代末期。1494年，意大利数学家、会计学家帕西奥里出版其著作《算术、几何、比与比例概要》之后，会计被广泛认识并运用。后来经过不断发展，复式记账的方法不断得到完善和广泛使用，还促成了成本会计的产生和发展，这些都成为后来会计学中比较重要的会计管理方式。

现代会计

现代会计的时间跨度是从20世纪50年代至今，这个时期会计核算有了跨越性的发展。首先，随着电子计算机的诞生，会计核算与电子计算机结合，从而产生了“会计电算化”。其次，随着电子计算机的发展、应用，西方发达国家建立了电子计算机的全面管理系统，并且将“管理会计”从财务会计中分离出来。由此，会计延伸出了两个分支，即财务会计和管理会计，从而使得会计的职能更加具体、专业、高效。在1952年的世界会计学会上，“管理会计”这一术语正式获得通过。

会计发展历程

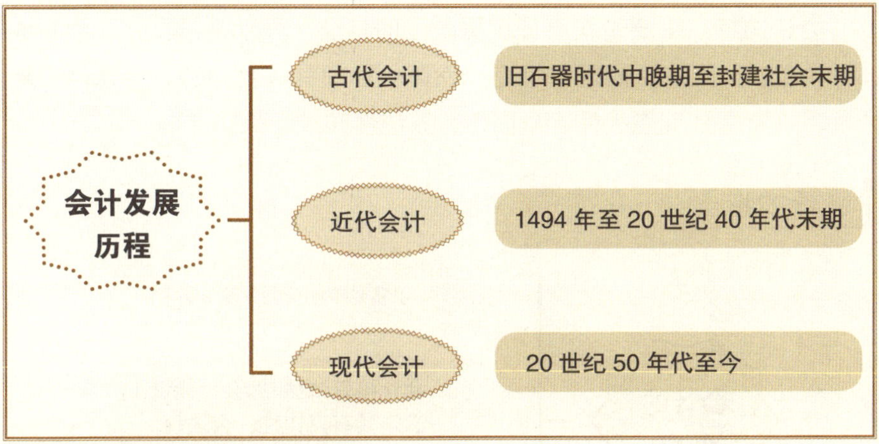

现代会计的两大分支

随着现代会计的完善和进步，现代会计又延伸出管理会计和财务会计两大分支。财务会计和管理会计是相互作用但又不同的两个概念。

财务会计主要是指传统的会计计量、确认、记录和编制会计报告，向外提供反映企业经营成果和财务状况变动的会计报表。财务会计具有事后核算、向外提供决策信息依据等特点。

管理会计是根据现代经济发展的需要延伸出来的一门独立学科。管理会计是利用会计提供的资料以及其他经营相关资料，通过整理、分析、对比等方法，向老板或管理者提供决策依据信息。管理会计具有事前规划的特点，它与财务会计相互作用。

现代会计的两大分支

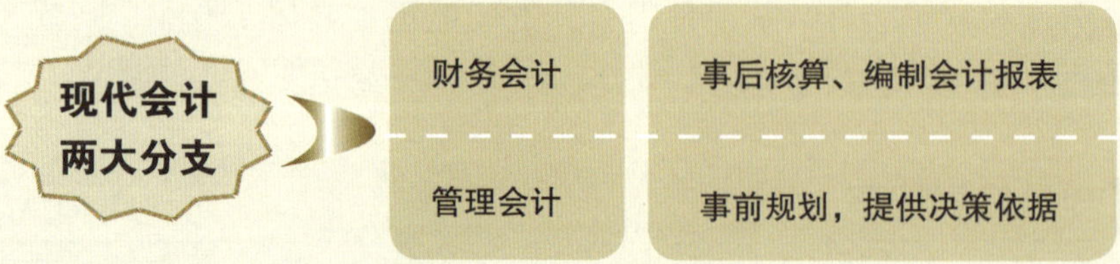

会计的特点主要是指会计核算阶段的特点，分别是：以货币为主要计量单位；会计核算依据（即会计凭证）必须具有真实性、合法性；会计核算与监督具有连续性、全面性、系统性和综合性。

会计的特点

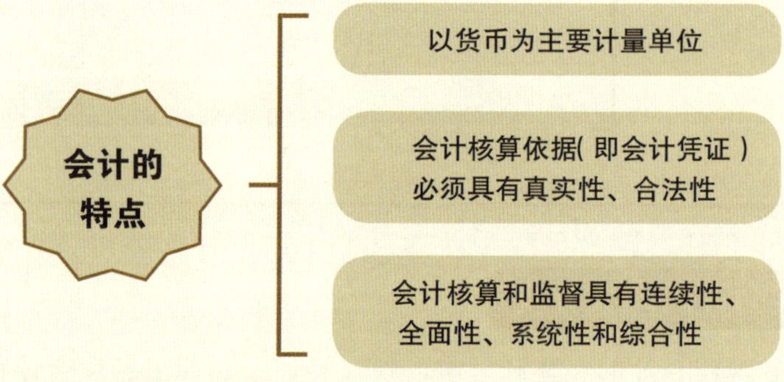

More 会计报表的起源

18 世纪 60 年代，欧洲工业的兴起促成了股份公司的诞生。股份公司需要定期向股东提供会计报表，让股东了解企业的财务状况和经营成果。于是，会计从简单的簿记，增加到了对企业资产、负债与资本的计量与记录，记录企业经营的盈亏，编制企业报表、审查分析等内容，形成了系统、独立的会计职能。

会计的职能和会计核算前提

我国会计法将会计的基本职能表述为会计核算和会计监督。会计核算是会计工作的基本内容，是指对企业发生的经济业务活动进行记录、核算、编制报告等工作。会计核算的过程其实也是会计监督的过程——在核算的过程中，监督企业的业务是否真实合法、原始凭证是否符合国家法规要求、企业是否有违反相关法律法规的行为，等等。

会计职能

会计职能，是指会计在经济管理活动中所具有的内在的功能。

从会计的基本职能看，会计是对经济运行进行的一种管理活动，主要表现在两个方面：对经济活动进行会计核算和实施会计监督。会计核算和会计监督是会计的两项基本职能。

会计的基本职能

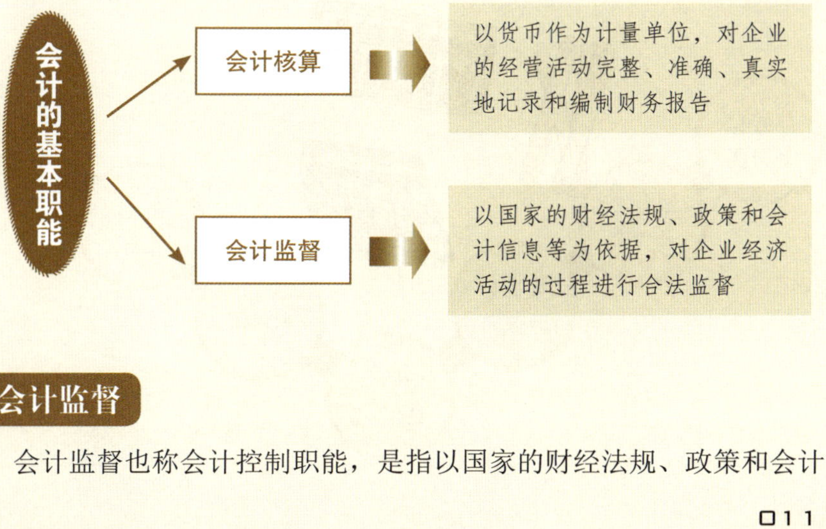

会计监督

会计监督也称会计控制职能，是指以国家的财经法规、政策和会计信息等为依据，对企业经济活动的过程进行合法监督。会计监督的内容主要是会计核算资料的真实合法性、是否违反国家相关法律法规，以及评价企业经营成果、协助调整企业计划等。通过会计监督协调企业与税务机关之间的关系，以提高企业的经营管理水平和经营效益。

会计核算

会计核算是会计的重要职能，会计核算主要是以货币作为计量单位，对企业一段时期的经营活动完整、准确、真实地记录和编制财务报告，及时反映企业的财务状况和经营成果。比如，企业在一个会计期间内，整个经营活动过程中生产了多少产品、销售了多少、用了多少成本、收入多少等，通过记账、算账、报账等过程，最终以报表的形式表达出来。

我国会计法规定：“各单位的会计核算应当以实际发生的经济业务为依据，按照规定的会计处理方法进行，保证会计指标的口径一致、相互可比和会计处理方法的前后各期相一致。”具体来说，就是要求会计核算具有真实性、客观性、合法性、一致性。

会计核算的过程

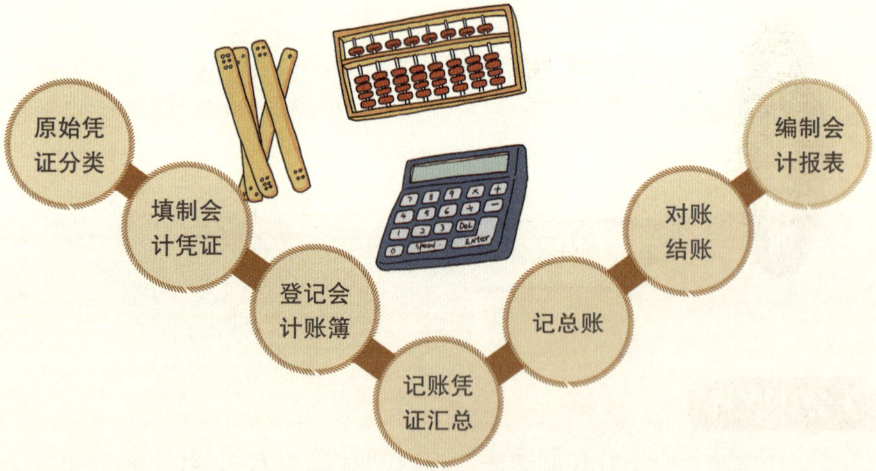

• 真实性与客观性是指会计核算以企业实际发生的经济业务为前提，根据企业实际发生的经济业务，取得有效会计凭据，并将其作为会计核算依据。

• 合法性是指会计核算须按国家统一的会计制度和会计核算方法，对企业发生的经济业务进行核算。

• 一致性是指企业在对不同时期发生的经济业务的会计处理方法上，必须保持前后一致。这样可以作为一种有效的对比和参考，有助于为帮助企业改善其经营管理和决策提供依据。

会计核算的基本前提

会计进行核算工作时，须具备一定的前提，即对会计核算的时间、空间环境的基本假设。会计核算的基本前提一般分为 4 个：会计主体、持续经营、会计期间和货币计量。

会计核算的基本前提

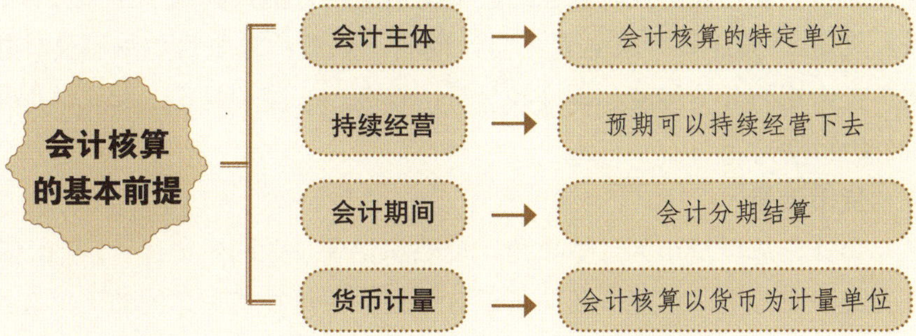

会计主体

会计主体是指会计所核算和监督的特定单位或组织，是会计确认、计量和报告的空间范围。一般来说，只要是独立核算的企业，都是会计主体。会计的工作是对企业经济业务的收支情况进行核算，以特定的方式反映财务状况、现金流量情况以及经营成果等企业信息。

持续经营

我国《企业会计准则》规定：“会计核算应当以企业持续、正常的生产经营活动为前提。”持续经营是指企业在可预见的未来，可以维持现状持续经营下去，不会破产清算或停业等。持续经营是企业会计工作的前提，只有设定企业是可持续经营下去的，才能以正常的会计核算进行处理。若是判定企业在可预见的未来无法持续经营下去，那么就应改变会计核算的方法。

Tips

随着现代经济的发展和经济管理的完善，会计的职能也会不断变化，从而延伸出一些新的职能。现在普遍认为，会计职能除了会计核算和会计监督之外，还有经济分析、预测和各种经济决策等职能。

会计期间

会计期间也称会计分期。会计期间是指将一个持续经营的企业分成几个连续、相等的期间进行会计结算，并编制财务报告，以达到及时向税务局和企业相关者反映企业经营变动信息的目的。我国《企业会计准则》规定：“会计核算应当划分会计期间，分期结算账目和编制会计报表。会计期间分为年度、季度和月份，年度、季度和月份的起讫日期采用公历日期。”

货币计量

会计核算以货币为计量单位，反映和记录企业的生产经营活动。企业的经济业务中，可能涉及的货币有多种，而每种货币之间的汇率会经常变动。因此，企业在核算时须确立一种核算货币作为记账的货币单位，称为“记账本位币”。我国会计法规定，会计核算以人民币作为记账本位币，如业务收支以外币为主，也可以确立某种外币为记账本位币，但编制会计报表时须折算为人民币。

会计信息对企业太重要

对于一家企业而言，会计信息的准确与否，直接关系到企业经营策略的决策和执行，必须在准确的会计信息的基础之上，企业决策层才能做出最有利于企业发展的决策。所以一家成功的企业，必定有高效、准确的会计工作做支撑，能否做好会计工作，也成为一家企业管理成功与否的最明显标志，会计信息关乎企业发展、前途，对于企业至关重要，所以要想成功经营管理一家企业，必须要重视会计工作。

会计对企业的重要性

会计信息反映的是企业的财务状况和经营成果，从会计反映的数据可以看出企业的经营好不好、企业有没有利润、费用成本有没有过大，或者企业在经营中存在哪些漏洞和不足。这些不足往往是造成企业利润率低的因素。因此，会计信息是企业管理层进行决策时的重要依据。

Tips

对企业来说，越重视会计，财务管理就越清楚。如果仅仅把会计看成“管账的”，那么企业也无法从财务上获得发展助力。

会计信息数据能把企业的盈亏状况反映出来，因此，真实、详尽的财务会计报表中反映的各项企业信息，可以帮助企业决策层充分了解企业的运营状况。如果一家企业没有真实清晰的会计信息，那么企业决策层就无法对企业的现状有一个全面、准确的了解，无法判断影响企业获取利润的因素，从而导致在做企业规划和决策时过于盲目或是决策错误，这样无形中会增加企业的经营风险，无法发现企业经营方面存在的问题，不能针对已经出现的问题出台行之有效的补救措施，帮助企业摆脱险境。企业要想健康长远地发展，必须要重视会计工作，获取有效的会计信息。这样不仅可以减少企业经营风险，从长远来看，对企业的发展也是很有利的。

会计的重要性

反映企业经营成果	前期成绩，加强创业信心
发现经营管理中的不足	能发现公司内部的漏洞
为下期决策提供依据	清醒头脑，及时终止错误

了解会计信息的作用

会计信息能全面、准确地反映企业的资金运作情况，对企业经营过程中可能会遇到的风险做出正确的分析和预测，协助投资者做出正确的投资决策。因此，老板懂得会计学可以减少企业运作的风险，有助于管

小故事

糊涂账的悲剧

20世纪80年代刚刚改革开放的时候，一些“头脑灵活”的人纷纷开办砖瓦厂、服装厂等小型企业，这些人就是最早的一批“万元户”。然而到了90年代，这些小工厂只有少部分得以生存下来，而大部分的企业则在竞争浪潮中被淘汰了。其中重要的原因是这些初创企业忽略了会计工作的重要性。管理者没有建立起行之有效的会计工作制度，无法通过会计工作为企业保驾护航，没有从会计工作中看懂企业的走向，找出企业存在的严重问题，进行及时的补救和改进。弊病得不到改正，问题越攒越大，危险越积越深。这些没有重视会计工作的企业被不良的财务状况压倒，导致破产倒闭。

理好企业，促进企业的长远发展。

分析财务会计报表，可以帮助老板对投资项目的风险及收益做出预测，然后再决定是否投资或继续投资。做这些决策的前提需要会计部门提供准确、全面的资料。

会计信息对债权人的信贷决策有重要的作用。它能够帮助债权人（包括银行、其他金融贷款机构）对企业的信贷风险、偿还债务的能力以及企业的信誉等做出系统、客观的评价，分析企业偿还债务本金和利息的能力。

如果不懂会计学……

生产	容易买来高价原料，也容易被做假账，造成虚假成本； 一些员工累死，而另外一些则闲死，造成员工对企业的贡献和所得不均衡。
管理	不能及时应对市场上的价格变化，容易出现销售中的回扣等贪污现象。
销售	对一个企业的老板来说，如果不懂会计学，很容易在销售各个环节上出现漏洞。

一家健康的企业，必须要有规范的会计制度。科学的会计工作可以时刻为企业问诊把脉，及时发现企业在运行过程中存在的问题，帮助决策层做出合理高效的决策。提高企业的财务管理水平，能够使企业的经济实力、发展能力更上一层楼。

会计学中把企业的经济业务分为六个部分，也称为会计六要素，分别是资产、负债、所有者权益、收入、费用和利润。资产、负债和所有者权益组成资产负债表，计算公式为：资产 = 负债 + 所有者权益，反映企业某一期间的财务情况；而收入、费用和利润组成的是利润表，计算公式为：收入－费用 = 利润，反映的是企业一段期间的经营成果。

对企业十分重要的会计学要素

会计学六要素

- **资产** ↔ 企业拥有支配权的有形或无形的资产，包括现金、商品、银行存款、固定资产、专利资产、流动资产等
- **收入** ↔ 企业日常销售商品、提供劳务以及让渡资产使用权所获取的收益，分为主营业务收入和其他业务收入
- **负债** ↔ 企业在过去的交易事项中形成的现时义务，分为长期负债和短期负债，共有短期贷款、应付账款、应付工资、应交税费、其他应付款等
- **费用** ↔ 企业日常经营活动中的各种消耗，包括成本、期间费用、各项税金及附加等
- **利润** ↔ 利润是企业某一会计期间内经营所获得的成果，由营业利润、投资收益和营业外收支差额三部分组成
- **所有者权益** ↔ 也叫股东权益，是企业老板或投资者对企业净资产的拥有，会计科目有实收资本、资本公积、盈余公积、未分配利润等

More 利润的确认条件

利润是收入减去费用、利得减去损失后的剩余。因此，要确认利润，主要依赖于对收入和费用以及利得和损失的确认和计量，从而得出利润的数额。计算公式为：利润总额 = 营业利润 + 营业外收入 − 营业外支出。不过对老板来说，账面上的利润不是最安全的，只有真正落到口袋里的现金利润才是最稳妥的利润。

学习会计，你只要这样就可以

没有学过会计的老板，总会感觉会计工作复杂烦琐。其实不然，老板只要掌握一些诀窍，学习会计就是轻而易举的事了，自己也能动手把会计工作完成。会计工作其实很简单，老板只要根据以下方法和步骤，就能掌握会计工作的内容。

会计工作流程

会计工作的流程，即企业会计人员在某一特定的会计期间，从编制会计凭证、登记会计账簿到形成会计报表的过程。会计人员需要按照国家会计制度的规定和一定的会计程序，对企业的经济业务进行记录、汇总凭证、会计核算、编制财务报告和报税。具体的程序步骤如下：

会计工作的基本流程

审核原始凭证

审核原始凭证主要是对原始凭证的真实性、合法性、合理性、完整性、正确性、及时性进行检查。

1. 审核原始凭证的真实性

日期是否真实、业务内容是否真实、数据是否真实等。

2. 审核原始凭证的合法性

经济业务是否符合国家有关政策、法规、制度的规定，是否有违法乱纪等行为。

3. 审核原始凭证的合理性

原始凭证所记录的经济业务是否符合企业生产经营活动的需要，是否符合有关的计划和预算等。

4. 审核原始凭证的完整性

原始凭证的内容是否齐全，包括有无漏记项目、日期是否完整、有关签章是否齐全等。

5. 审核原始凭证的正确性

包括数字是否清晰，文字是否工整，书写是否规范，凭证联次是否正确，有无刮擦、涂改和挖补现象等。

6. 审核原始凭证的及时性

原始凭证的及时性是保证会计及时性的基础。为此，要求在经济业务发生或完成时及时填制有关原始凭证，及时进行凭证的传递。

填制会计凭证

填制会计凭证，是在原始凭证审核无误的基础上，将会计凭证整理归类，运用复式记账法编制会计分录，然后填制记账凭证并附上原始凭证。更正错账或结账的记账凭证可以不附原始凭证。通常，每张凭证只反映一项经济业务。

填制会计凭证的内容包括：经济业务的内容；会计科目、凭证的编号、日期、发生金额、制单经手人等。记账凭证中的各项内容必须填写完整，不能错漏、省略等，还须按程序办理签章。

登记相关账簿

登记账簿是指根据记账凭证分别登记有关账簿，如现金、银行日记账、明细分类账、总分类账，并结算余额。

登记账簿的基本要求：填写的项目内容要完整，如账页的日期、凭证编号、摘要等要填写齐全，并且要求数字清晰无误。记账时必须用蓝黑墨水或碳素墨水，以保持记录内容的持久和防止涂改。但是，以下情况须使用红笔记录，包括改错、冲账、结账、登记减少数。此外，登记账簿必须按账簿页码连续登记，不可跳页或隔行登记。如果出现隔行、跳页的情况，须在空白页、空行处用红色墨水画对角线注销，并加盖此页空白或此行空白章，记账人员签章。

进行成本核算＋对账

计算本期收入与成本核算。将各项经济业务结算清楚，结出本期发生额和期末余额，期末余额结转下期。编制总分类账和明细分类账试算平衡表，检查有无错漏误记。确保账簿记录的准确性、真实性。记录经济业务后要进行对账，主要有账账相对、账证相对、账实相对。要做到账账相符、账证相符、账实相符。

账账相符

账账相符，是指核对各种账簿之间的记录情况是否相符，包括本企业内的各种账簿之间核对以及同其他业务相关企业的往来账项核对。

如核对现金、银行存款日记账余额与总分类账的余额是否相符，总分类账与相关明细分类账的期初、期末余额是否相等，等等。

账证相符

一个会计期间终了时，要对账簿记录和会计凭证进行核对，检查错漏并进行修正。检查的内容主要是：总账与记账凭证汇总表是否相符、记账凭证汇总表与记账凭证是否相符、明细账与记账凭证是否相符，以及其他结算票据等是否相符。

账实相符

核对企业的各种财产物资的账面余额与实际数是否相符。如核对库存现金与账面余额是否相符、原材料或库存商品的账面数额与实际数是否相等，等等。

对账内容

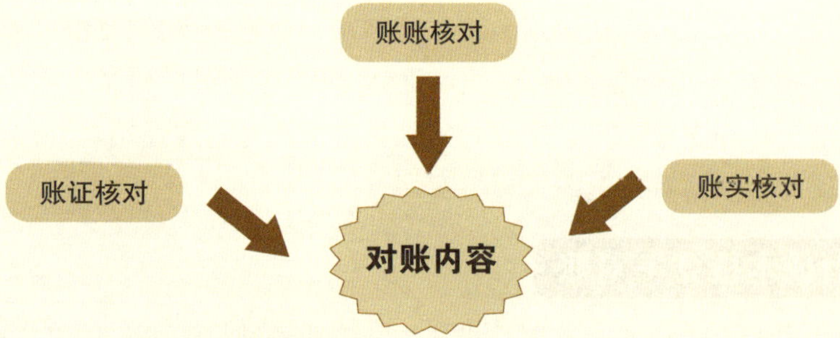

编制和报送财务报告

根据账簿记录编制资产负债表、利润表、现金流量表等，并报送企业财务状况和经营成果。会计到了月末、季末或年末终了的时候，需要根据企业本期发生的经济业务和变动情况编制财务会计报告，将企业的经营成果、权益变动以及现金流量等信息，通过财务报表反映出来，提供给老板或其他报表使用者，以便其阅读和了解企业的经营状况。资产负债表反映的是企业在一定时间点上的财务状况的静态的信息；利润表反映的是企业在某段时间内关于经营成果的动态信息；现金流量表是反映企业一定时期的现金流出与流入情况。

如果是上市公司，还需要按照规定定期向有关部门报送、公开这些财务报表，如果没有按期报送财务报表，或者财务报表里面有重大错

财务报表主要类型

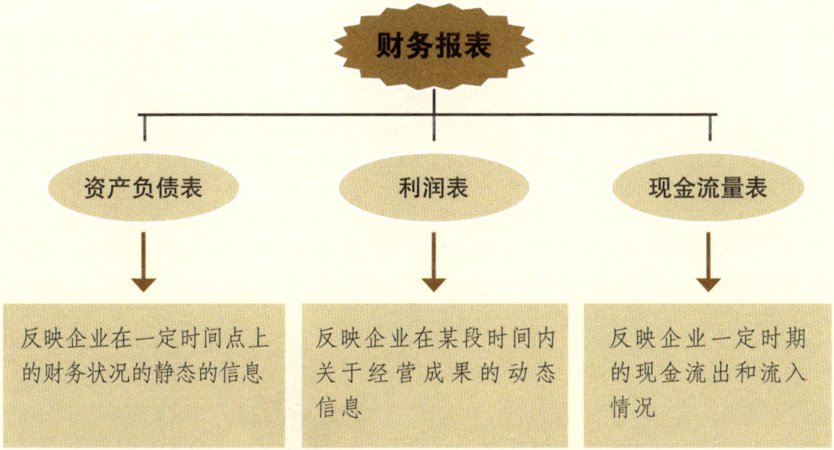

误，或者没有会计师事务所对财务报告进行确认，就会受到相应的法律法规惩处。

一般来说，财务报表最晚在月报表的后 6 天、季度报表的后 15 天、半年度会计报表的后 60 天、年度报表的后 4 个月报送。

报税

本文不做详述。

More **企业有关证件的年检**

企业经营生产过程中，每年 3 月～6 月，企业的营业执照要到工商局进行年检，每年 1 月～4 月组织机构代码证要年检，具体日期以当地工商局或质量监督局的规定为准。逾期未年检，企业将会受到一定的处罚或被视作无证经营，因此企业必须按规定年检，方可进行持续经营。

第2章

会计科目与复式记账

在查看会计表格的时候要注意，第一列是会计科目，其存在的目的是让会计账更加简单，而所有的会计表格都是一个整体的系统，通过会计科目相互联系构成复式记账关系，会让会计账更加复杂而不容易出现漏洞。

本章教你：
- ▶会计科目的分类有哪些？
- ▶什么是复式记账？
- ▶会计有哪些要素？
- ▶如何编制会计分录？

会计科目让会计记录简单而清楚，而复式记账让会计账复杂而完备。老板需要掌握的会计知识，是在这两者之间寻找平衡，找到一份清楚而完备的会计记录。

会计科目及分类

每个企业所发生的经济业务的内容有很多种。因此，为了规范和管理，国家会计法规专门设置了统一的会计科目，来代表经济业务的性质和类型，便于统一管理。

会计科目的分类

会计科目是将资产、负债、所有者权益、收入、费用、利润这些会计要素内容，按经济业务的内容性质的不同，进一步划分为具体的核算科目。会计科目是由国家会计准则统一规定的标准，是一种专门的会计核算和会计监督的方法，也是设置会计账户和处理账务的依据。

按其所反映的项目详细程度和隶属关系的不同，会计科目又可分为总分类科目和明细分类科目。总分类科目也称总账科目和一级科目，它是各种经济业务的总概括。明细分类科目又分为二级明细科目和三级明细科目。二级明细科目是对一级科目进一步的分类表达，三级明细科目则是对二级明细科目的进一步分类。

如“应收账款—销售商品—销售彩电”，应收账款是一级科目，销售商品是对一级科目的进一步分类，销售彩电是对二级科目的进一步分类。这说明应收账款是由销售商品发生的，而销售具体到对象，则是销售彩电获得的应收款项。

按所归属的会计要素分类，会计科目可分为资产类、负债类、所有者权益类、共同类、成本类以及损益类。会计科目的分类与会计要素的构造基本相同。

会计科目的分类

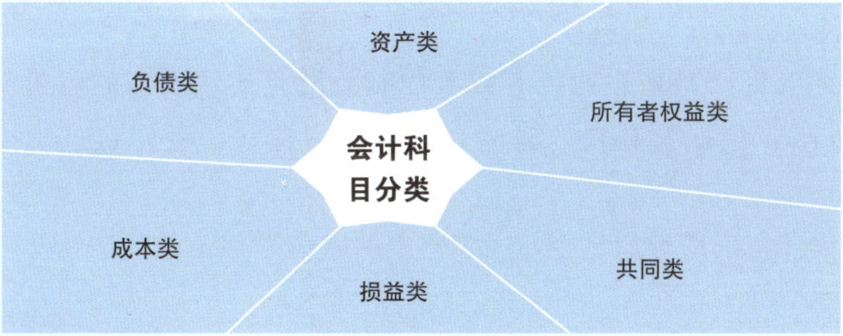

资产类科目

资产分为流动资产和非流动资产。

流动资产包括库存现金、银行存款、应收账款、其他货币资金、短期投资、应收票据、库存商品等。

• 库存现金科目是核算企业的库存现金。

• 银行存款科目核算的是企业在银行存入的存款。

• 应收账款科目核算的是企业因销售或提供劳务所取得的各项应收款项。

• 其他货币资金核算的是企业银行本票存款、信用卡存款、汇票存款、存出投资款、外埠存款等其他货币资金。

• 短期投资科目核算的是企业进行的各种股票、债券、基金投资，且期限不超过一年的可随时变现的投资。

• 应收票据科目是核算企业因销售商品或提供劳务所收到的商业汇票，包括银行承兑汇票和商业承兑汇票。

• 库存商品是指企业各种商品库存的实际成本或计划成本。

非流动资产包括长期股权投资、固定资产、无形资产、累计折旧等。

• 长期股权投资是指持有时间超过一年、不能变现或不准备随时变现的股票和其他投资。

• 固定资产是指企业使用年限超过一年的房屋、建筑物、机械、运输工具以及其他与生产、经营有关的设备、器具、工具等。如办公设备、机械设备、厂房等。

• 无形资产是指企业拥有或者控制的没有实物形态的可辨认非货币性资产。包括专利权、非专利技术、商标权、著作权、土地使用权和商誉等。

• 累计折旧核算的是企业固定资产的减值准备。

我国的企业会计科目中，资产类科目列表如下：

资产类科目表

序号	编号	会计科目名称	序号	编号	会计科目名称
1	1001	库存现金	22	1161	应收补贴款
2	1002	银行存款	23	1301	贴现资产
3	1003	存放中央银行款项	24	1302	拆出资金
4	1011	存放同业	25	1303	贷款
5	1012	其他货币资金	26	1304	贷款损失准备
6	1101	短期投资	27	1311	代理兑付证券
7	1102	短期投资跌价准备	28	1321	代理业务资产
8	1021	结算备付金	29	1401	材料采购
9	1031	存出保证金	30	1402	在途物资
10	1101	交易性金融资产	31	1403	原材料
11	1111	买入返售金融资产	32	1404	材料成本差异
12	1121	应收票据	33	1405	库存商品
13	1122	应收账款	34	1406	发出商品
14	1123	预付账款	35	1407	商品进销差价
15	1131	应收股利	36	1821	独立账户资产
16	1132	应收利息	37	1901	待处理财产损溢
17	1201	应收代位追偿款	38	1408	委托加工物资
18	1211	应收分保账款	39	1411	周转材料
19	1212	应收分保合同准备金	40	1421	消耗性生物资产
20	1221	其他应收款	41	1431	贵金属
21	1231	坏账准备	42	1441	抵债资产

（续表）

序号	编号	会计科目名称	序号	编号	会计科目名称
43	1451	损余物资	59	1604	在建工程
44	1461	融资租赁资产	60	1605	工程物资
45	1471	存货跌价准备	61	1606	固定资产清理
46	1501	持有至到期投资	62	1611	未担保余值
47	1502	持有至到期投资减值准备	63	1621	生产性生物资产
48	1503	可供出售金融资产	64	1622	生产性生物资产累计折旧
49	1511	长期股权投资	65	1623	公益性生物资产
50	1402	长期债权投资	66	1631	油气资产
51	1512	长期股权投资减值准备	67	1632	累计折耗
52	1521	投资性房地产	68	1701	无形资产
53	1531	长期应收款	69	1702	累计摊销
54	1532	未实现融资收益	70	1703	无形资产减值准备
55	1541	存出资本保证金	71	1711	商誉
56	1601	固定资产	72	1815	未确认融资费用
57	1602	累计折旧	73	1801	长期待摊费用
58	1603	固定资产减值准备	74	1811	递延所得税资产

负债类科目

负债分流动负债和非流动负债。

流动负债包括短期借款、应付账款、预收账款、应付职工薪酬、应交税金、应付股利等。

- 短期借款科目是核算企业向银行或其他金融机构等借入的借款，并且是偿还期限短于一年的。
- 应付账款科目是核算企业因购买原材料或接受劳务等需要支付给对方的款项。
- 预收账款科目是核算企业向买方单位提前预收的款项。
- 应付职工薪酬科目是核算企业需要支付给职工工资的总额，包括工资以及各种奖金、补助、津贴等。
- 应交税金科目是核算企业应交纳的各种税金，如企业所得税、增值税、城建税等。但印花税、契税不属于应交税金科目核算的范围。
- 应付股利科目是核算企业经股东、董事会议确定分配的利润或现金股利。

非流动负债包括应付债券、长期借款、长期应付款等。

• 应付债券科目是核算企业为了筹措资金而发行的一年以上的长期债券及应付的利息。

• 长期借款科目是核算企业向银行或其他金融机构借入的各种偿还期限在一年以上的借款。

• 长期应付款科目核算的是企业在较长时间内需要持续支付的款项。如租赁的大型设备、办公厂房等。

负债类科目表

序号	编号	会计科目	序号	编号	会计科目
70	2001	短期借款	89	2176	其他应交款
71	2002	存入保证金	90	2231	应付利息
72	2003	拆入资金	91	2232	应付股利
73	2004	向中央银行借款	92	2241	其他应付款
74	2011	吸收存款	93	2251	应付保单红利
75	2012	同业存放	94	2261	应付分保账款
76	2021	贴现负债	95	2311	代理买卖证券款
77	2101	交易性金融负债	96	2312	代理承销证券款
78	2111	卖出回购金融资产款	97	2313	代理兑付证券款
79	2201	应付票据	98	2314	代理业务负债
80	2202	应付账款	99	2401	递延收益
81	2203	预收账款	100	2501	长期借款
82	2211	应付职工薪酬	101	2502	应付债券
83	2153	应付福利费	102	2601	未到期责任准备金
84	2221	应交税费	103	2602	保险责任准备金
85	2701	长期应付款	104	2611	保户储金
86	2702	未确认融资费用	105	2621	独立账户负债
87	2711	专项应付款	106	2801	预计负债
88	2901	递延所得税负债			

共同类科目

共同类科目包括清算资金往来、货币兑换、衍生工具、套期工具、被套期项目等。

共同类科目表

序号	编号	会计科目
105	3001	清算资金往来
106	3002	货币兑换
107	3101	衍生工具
108	3201	套期工具
109	3202	被套期项目

成本类科目

成本类科目包括生产成本、制造费用、劳务成本、研发支出等。

成本类科目表

序号	编号	会计科目
122	5001	生产成本
123	5101	制造费用
124	5201	劳务成本
125	5301	研发支出
126	5401	工程施工
127	5402	工程结算
128	5403	机械作业

损益类科目

损益类科目包括主营业务收入、利息收入、手续费收入、保费收入、分保费收入、其他业务收入和租赁收入等。

损益类科目表

序号	编号	会计科目	序号	编号	会计科目
129	6001	主营业务收入	136	6061	汇兑损益
130	6011	利息收入	137	6101	公允价值变动损益
131	6021	手续费收入	138	6111	投资收益
132	6031	保费收入	139	6201	摊回保险责任准备金
133	6032	分保费收入	140	6202	摊回赔付支出
134	6041	租赁收入	141	6203	摊回分保费用
135	6051	其他业务收入	142	6301	营业外收入

（续表）

序号	编号	会计科目	序号	编号	会计科目
143	6401	主营业务成本	153	6541	分出保费
144	6402	其他业务支出	154	6542	分保费用
145	6405	营业税金及附加	155	6601	销售费用
146	6411	利息支出	156	6602	管理费用
147	6421	手续费支出	157	6603	财务费用
148	6501	提取未到期责任准备金	158	6604	勘探费用
149	6502	提取保险责任准备金	159	6701	资产减值损失
150	6511	赔付支出	160	6711	营业外支出
151	6521	保户红利支出	161	6801	所得税费用
152	6531	退保金	162	6901	以前年度损益调整

所有者权益类科目

所有者权益类科目包括实收资本、资本公积、盈余公积、一般风险准备金融共用、本年利润、利润分配和库存股等。

所有者权益类科目表

序号	编号	会计科目
115	4001	实收资本
116	4002	资本公积
117	4101	盈余公积
118	4102	一般风险准备金融共用
119	4103	本年利润
120	4104	利润分配
121	4201	库存股

设置会计科目的意义

设置会计科目的意义是：为了能系统地反映会计要素的具体内容；让使用者更加方便地了解会计信息；为成本核算和财务清查提供前提条件；使编制报表更规范和方便；为编制记账凭证提供依据。

会计科目的意义

系统地反映会计要素的具体内容

为编制记账凭证提供依据

使编制报表更规范和方便

让使用者更加方便地了解会计信息

为成本核算和财务清查提供前提条件

2014年年初至今，为了适应社会主义市场经济发展的需要，进一步规范会计计量的方法，财政部先后发布了多项准则的增补或修订版，要求企业自2014年7月1日起执行。根据企业会计准则中确认和计量的规定，制定了各类企业在经营活动中主要交易或事项的会计科目和主要账务处理，并允许企业在不违反会计准则规定的前提下，根据企业自身的实际情况增设、分拆或合并会计科目。

More

会计估计

在会计核算中，为了定期、及时提供有用的会计信息，须将企业持续不断的经营活动划分为各个会计期间，如年度、季度、月度，并对企业的财务状况和经营成果进行确认、计量和报告，因此就需要进行会计估计。会计估计是指对结果不确定的交易或事项以最近可利用的信息为基础所做出的判断。对于一类固定资产，如果没有确定使用年限，就需要根据相关的法规和经验等预估它的使用年限。

复式记账法

复式记账法是一种会计专用的记账方法，是指对企业每一笔发生的经济业务的内容和金额，同时在两个或者两个以上的账户中进行登记，系统地反映经济业务发生的全貌和资金变化的结果。企业的每一项经济业务的发生，都会同时引起两个或两个以上的账户发生变动。

记账方法

记账方法是指根据企业发生的各项经济业务，用特定的记账符号和记账依据在账簿中进行登记的方法。记账方法一般分为两类，单式记账法和复式记账法。复式记账是相对于单式记账而言的，复式记账法是对单式记账法的一种完善。

单式记账法是一种较为简单的记账方法，发生的每项经济业务的内容和金额，都只记在一个账户上。比如，企业用银行存款购买 5 000 元的固定资产，记录的时候只记银行存款减少了 5 000 元，而对于固定资产增加 5 000 元不做记录。单式记账法只对单方面的经济业务内容进行记录，缺乏全面性和系统性，没有与之相对应的经济业务内容。因此，不便于企业管理以及检查账户记录是否准确。

复式记账法是对单式记账法的进一步完善，它对每一项发生的经济业务都以相同的内容和金额记录在两个或两个以上的账户中。如企业用银行存款 5 000 元购买固定资产，记录的时候记作：银行存款减少 5 000 元，固定资产增加 5 000 元。复式记账法全面、系统地反映了经济业务发生的来龙去脉，便于企业资金管理过程的完整性，并且方便对账户记录的准确性进行检查。

记账法的分类

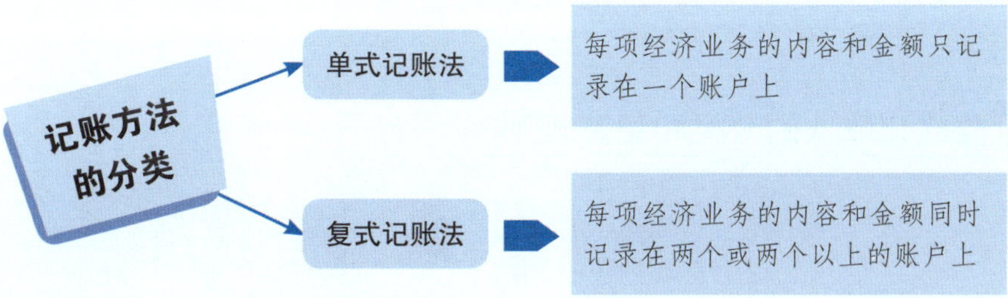

复式记账法的种类

复式记账法又分为借贷记账法、收付记账法和增减记账法。在我国，企事业单位都必须统一采用借贷记账法进行会计核算。世界上多数国家也普遍采用借贷记账法进行会计核算。

借贷记账法是指以“借”和“贷”作为记账符号来记录企业所发生的经济业务的一种复式记账法。借贷记账法的记账规则是“有借必有贷，借贷必相等”。

收付记账法是指以“收”和“付”作为记账符号，记录企业经济业务发生所引起的会计要素增减变动的一种记账方法。收付记账法的记账规则是“同收，同付，有收有付”。我国预算会计长期以来都采用收付记账法记账。

小故事

旧石器时代采用的计量和记录方法

在距今约10万年的旧石器时代中晚期，人类所采用的计量、记录方法较为原始。他们通常以石器作为刻画的工具，在树木、木板、骨片上面刻画出一排排纹路或者若干重复的缺口，形成通常只有刻画者自己能理解的、代表一定数量的标记，或是记录某种事物的标记。

增减记账法是指以“增”和“减”作为记账符号，直接反映经济业务的发生所引起的会计要素变动的记账方法。增减记账法的记账基础理论是“资金占用 = 资金来源”。

复式记账法的分类和记账规则

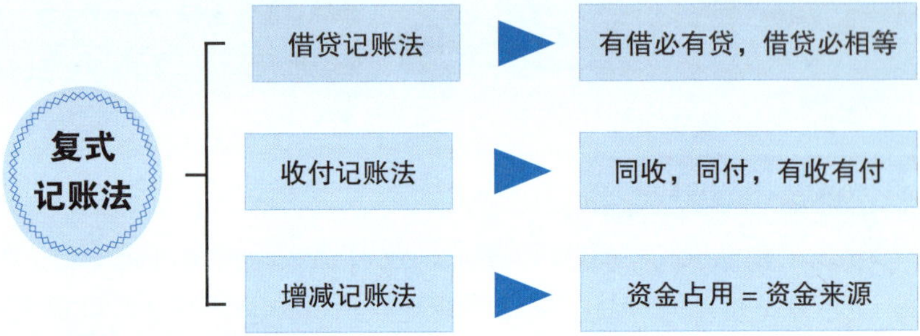

复式记账法的特点

相对于单式记账法，复式记账法具有以下特点：

复式记账法对于发生的每一项经济业务，都以同等的金额记录在两个或两个以上的关联账户中。把每一项经济业务的来龙去脉都一一反映出来。

复式记账法下企业发生的每项经济业务都以同样的金额记录在相关账户中。因此，会计期末查账时，可以通过试算平衡表检查账户的记录是否有误。复式记账法要求同时在两个或两个以上的账户记录经济业务，是为了保证会计等式的平衡。

复式记账法中的借贷记账法是以“有借必有贷，借贷必相等”这一等式作为记账规则的。因此，企业发生的经济业务所涉及的会计要素的借方发生额，一定等于与之相对应的贷方发生额。

借贷记账法是以“借”和“贷”作为记账符号，分别反映各种经济业务数量的增减变动情况。“借”和“贷”这两个字的字义与会计记账法中的借贷没有任何相关，它只是一种会计专门的术语。简单来说，

“借”和“贷”代表的是增加和减少，但“借、贷”都同样有表示增加或减少的意思，因此，必须结合所属的经济业务性质才能说明。

借贷记账法下，账户的设置一般分为两大类型：资产类和负债及所有者权益类。资产类账户的借方登记增加额，贷方登记减少额，期末余额一般在借方。负债及所有者权益类账户的贷方登记增加额，借方登记减少额，期末余额一般在贷方。

借贷记账法记账规则

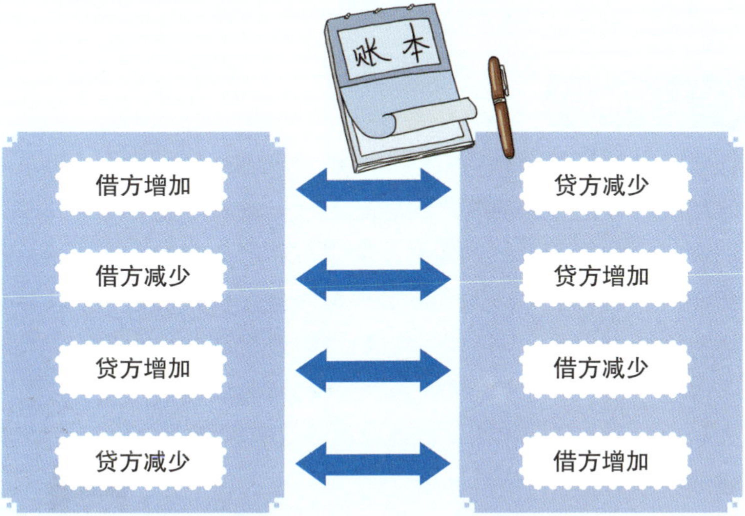

More

增减记账法

增减记账法曾经是我国会计工作中实行的记账方法，从1964年开始至1993年，我国商业企业全面推行使用增减记账法，包括一些工业企业和其他企业都采用这种记账方法。1993年7月，我国《企业会计准则》实施后，将增减记账法改为借贷记账法。

会计账户

会计账户是根据会计科目设置的，具有一定的格式和结构。会计科目按不同性质的经济业务分类，有资产类的会计科目，有负债、所有者权益类的会计科目，还有成本、损益类的会计科目。企业的资产与权益是始终保持相等的平衡关系。在这两方面的会计科目中，分别从两个相反的方向来登记会计要素的增减变动。

会计账户的概念

会计账户指的是对会计要素的内容进一步进行具体分类，然后对所有发生的经济业务在对应的账户中分别进行记录，以便系统地反映企业各项经济业务的发生情况，方便会计期末核算出企业的经济成果。设置账户是会计核算的方法之一。会计账户是以会计科目设置的，会计科目的名称即会计账户的名称，会计科目核算的内容是会计账户记录反映的经济业务内容。所以，账户需要根据会计科目的设置进行设置。

会计账户与会计科目两者之间既有联系又有区别——

二者的联系在于：会计科目是会计账户的名称，它们都是对会计对象的性质和具体内容的分类。会计科目是会计账户设置的依据，如果没有会计科目，会计账户就没有设置依据。而会计账户是对会计科目内容的具体反映和应用，如果没有会计账户，会计科目也无法发挥其作用。

Tips

账户按其反映的详细程度不同，可分为总账和明细账。总账是根据总分类科目设置的，是对会计要素的具体内容进行总括分类核算的账户。明细账是根据明细分类科目设置的，是对会计要素具体内容进行明细分类核算的账户。

二者的区别在于：会计科目

是对规定的经济业务内容的反映，只是会计账户的名称，不存在结构；会计账户是记录和反映经济业务的载体，须有一定的内容和形式结构。

会计科目与会计账户的联系与区别

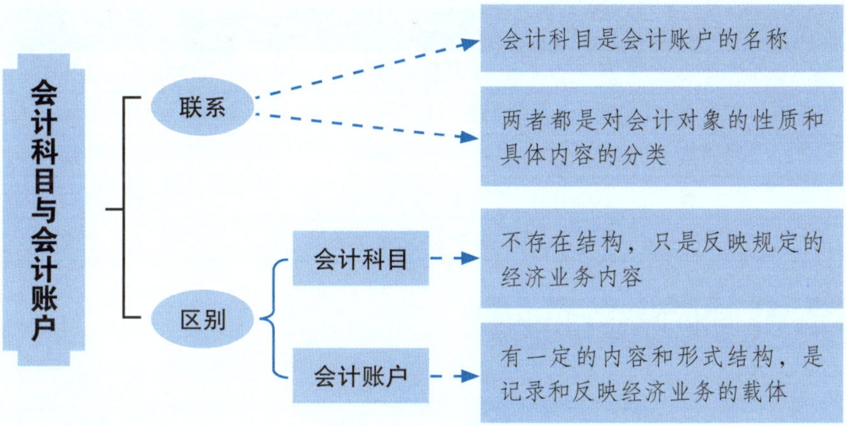

账户分类

账户分类是指对账户按不同的性质、核算内容、用途和结构进行的分类。账户分类的主要方法有两种，分别是按经济内容分类和按用途和结构分类。而按经济内容分类又是账户分类的基础。

会计账户按经济内容分类，一般分为资产类、负债类、所有者权益类、利润类、收入类和费用类六大类型。资产类和费用类，“借”是增加，“贷”是减少。负债类、所有者权益类、利润类和收入类则相反，“借”是减少，“贷”是增加。借贷记账法是依据“资产＋费用＝负债＋所有者权益＋收入”这一会计等式的原则进行记账的。所以，“借”和“贷”是对等式两边的会计要素增减变动的记录，应该朝相反方向进行登记。

- 资产类账户：借方登记资产的增加额，贷方登记资产的减少额。
- 负债及所有者权益类账户：借方登记负债及所有者权益的减少额，贷方登记负债及所有者权益的增加额。

• 利润类账户：借方登记成本的减少额，贷方登记成本的增加额。
• 收入类账户：借方登记收入的减少额，贷方登记收入的增加额。
• 费用类账户：借方登记费用的增加额，贷方登记费用的减少额。

会计账户的记账方向表

会计账户	借方	贷方
资产类	借方登记增加	贷方登记减少
负债、所有者权益类	借方登记减少	贷方登记增加
利润类	借方登记减少	贷方登记增加
收入类	借方登记减少	贷方登记增加
费用类	借方登记增加	贷方登记减少

会计账户的结构和内容

会计账户是记录和反映经济业务活动的一种形式，是为了便于对各项经济业务的发生所引起的企业资产、负债、所有者权益、成本、损益的变动数额进行分类、汇总记录。账户分两个方向，左方为“借”，右方为“贷”，一方登记增加，另一方登记减少。资产、费用类账户的借方登记增加额，贷方登记减少额；负债、所有者权益、利润、收入类账户的借方登记减少额，贷方登记增加额。

为了便于简单记录和说明问题，账户的基本结构可简化为左、右两方，左方为“借”，右方为“贷”。这种账户格式跟英文字母 T 非常相似，所以称为“T 字账”（又称“丁字账”）。

会计账户中左方和右方记录的本期增加的金额，称为本期增加发生额，登记本期减少的金额，称为本期减少发生额；期初余额加上本期增加发生额，再减去本期减少发生额，则为期末余

Tips

会计账户的期初余额、期末余额、本期发生额、本期减少额的核算可以用以下公式表达：

期末余额＝期初余额＋本期增加发生额－本期减少发生额

额。余额按时间的不同，又分为期初余额和期末余额。上期期末余额即本期期初余额，本期期末余额即下期期初余额。

账户的内容具体包括账户名称、记录经济业务的日期、所依据记账凭证编号、经济业务摘要、增减金额、余额等。

如企业银行存款变动情况如下：将 2 000 元现金存入银行，企业的银行存款增加 2 000 元。

Tips

资产、费用类账户的计算为：

期末余额 = 期初余额 + 本期借方发生额 − 本期贷方发生额

负债、所有者权益、利润、收入类账户的计算为：

期末余额 = 期初余额 + 本期贷方发生额 − 本期借方发生额

分析：

这笔业务引起银行存款和现金账户发生变动，账户性质是资产类，增加登记借方，减少登记贷方。利用 T 字账记账则为：

现　金	
借	贷
	2 000

银行存款	
借	贷
2 000	

More

为便于初学者理解借贷记账的规则，提高初学者的学习兴趣，有人还专门编了一首《记账规则之歌》，以方便不懂或初学会计的人铭记记账规则。

借增贷减是资产，权益和它正相反。

成本资产总相同，细细记牢莫弄乱。

损益账户要分辨，费用收入不一般。

收入增加贷方看，减少借方来结转。

会计要素与会计分录

会计要素是指将企业经济业务按照交易或事项的特征进行分类，是会计核算和监督的主要对象。由于企业经济经营活动和经济业务的性质多种多样，为了便于统一规范记录这些经济活动，增加会计资料的效用，必须对其性质进行分别归纳。我国《企业会计准则》将会计要素分为资产、负债、所有者权益、收入、费用和利润六大类，用于反映企业的财务状况和经营成果等情况。

资产的概念

资产是指企业拥有的或者控制的财产物资和预期会给企业带来经济利益的资源。企业的资产包括现金、银行存款、固定资产、投资收益、机械设备等。按其流动性的不同分为流动资产和非流动资产：流动资产主要包括现金、银行存款、应收账款、存货、交易性金融资产等项目；非流动资产包括固定资产、无形资产、持有到期投资、长期股权投资、可供出售金融资产等。

资产的特征

资产的特征之一就是预期会给企业带来经济利益，即在企业日常的生产经营活动中，能为企业带来现金或者现金等价物的收益，或者是可以转化为现金或者现金等价物。如企业先是通过购置材料、机械设备等生产加工产品或提供劳务，然后对外出售，获得现金或银行存款收入，这收入便是企业从事经营活动获得的经济利益。对于预期不能给企业带来经济利润的项目，则不能作为企业的资产；如果之前已经被确认为资产，但已不能再为企业带来经济利润，那也不能再作为企业的资产。

资产的特征之二是企业所拥有或控制的资源，即指企业对于资产享有所有权，或是不享有所有权，但能被企业控制的资源。判断一项资产是否存在于企业，可以看企业是否对其拥有所有权，所有权具有排他性，拥有资产的所有权表示企业可以通过其获取经济利益。另外还有一种情况，就是资产虽然不为企业所拥有，但企业控制了这些资产的使用权，企业同样能够利用这些资产为企业获取经济利益。如果既不为企业拥有，也不为企业所控制，那么资产为企业带来的经济利益，就不能被确认为是企业的资产。

资产的特征之三是由企业过去的交易或者事项形成的。过去的交易或者事项包括购买、生产、销售等行为，或者其他交易或事项。企业资产只能在过去的交易或者事项中才能产生，如果是预期在未来发生的交易或者事项，则不能形成企业的资产。如企业计划购买某固定资产，但购买行为尚未发生，则计划购买的固定资产便不能作为企业的资产。

资产的确认条件

除了需符合上述定义的特征，还要同时满足以下条件，才能真正被确认为资产：其一，与该资源有关的经济利益很可能流入企业；其二，该资源的成本或者价值能够可靠地计量。另外，《企业会计准则》规定：符合资产定义和资产确认条件的项目，应当列入资产负债表；符合资产定义，但不符合资产确认条件的项目，不应列入资产负债表。

资产的特征及确认

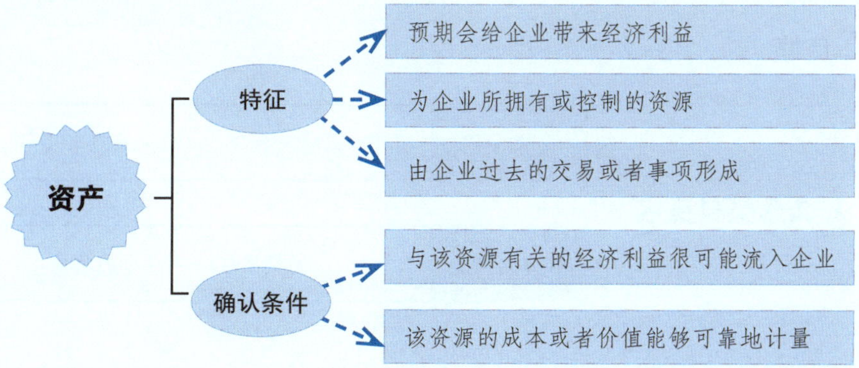

小故事

资产概念的来源

经济资源观是关于资产定义的颇具影响的一种观点。1957 年，美国会计学会发表的《公司财务报表所依恃的会计和报表准则》中明确指出：“资产是一个特定会计主体从事经营所需的经济资源，是可以用于或有益于未来经营的服务潜能总量。”对资产的这一认识，第一次明确地将资产与经济资源相联系，虽然它并未正面提到无形资产的内容，但这一定义至少可能将无形资产包含于其中。另外，它也明确了资产与特定会计主体之间的关系，即特定会计主体能够借助资产从事未来经营。

负债

负债是指企业过去交易或事项形成的现时义务，履行该义务预期会导致经济利益流出企业。负债按偿还期限的长短可分为流动负债和长期负债。流动负债也称短期负债，是指偿还期限在一年以内（含一年）的债务，包括短期借款、应付账款、应付利息、应付职工薪酬、应缴税费和其他应付款等。长期负债也称非流动负债，是指偿还期限在一年以上的债务，包括长期借款、应付债券、长期应付款等。

负债

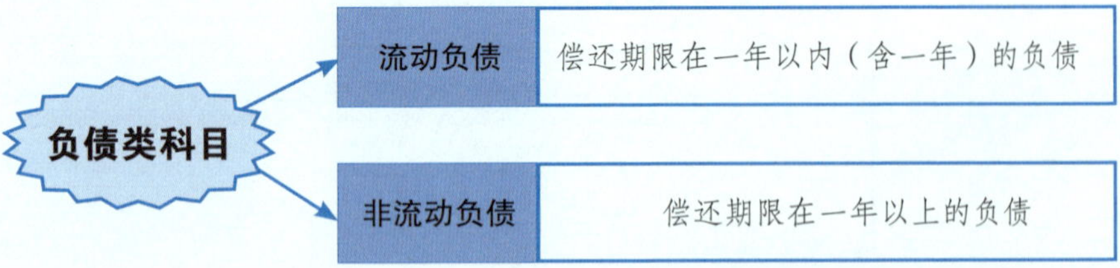

负债的特征

Tips

债权和债务的区分方法，企业借给别人，即“人欠我”，称为债权，是企业的资产；如果是企业欠别人，即“我欠人”，即称为债务或负债。

负债的特征之一就是负债是企业承担的现时义务。现时义务是指企业在现行条件下已承担的义务。如企业购买机械设备形成应付账款，企业向银行或其他金融机构贷款以及企业需定期支付职工薪酬等。这些都是企业的负债，也是企业承担的法定义务——需要依法偿还或支付的债务。如果是未来发生的交易或者事项形成的义务，不属于现时义务，那么就不能确认为负债。

负债的特征之二就是预期会导致经济利益流出企业。企业在履行义务时导致经济利益流出企业，才符合负债的定义。如果履行义务时不会导致经济利益流出企业，则不能确认为负债。如用现金偿还或以实物资产偿还欠款、以提供劳务的方式偿还欠款、将负债转为资本等行为，在履行义务时均会导致经济利益流出企业。

负债的第三个特征是由企业过去的交易或者事项形成的。只有过去的交易或者事项才会形成负债，如果是未来发生的交易或者事项，则不能确认为企业的负债。

负债的特征

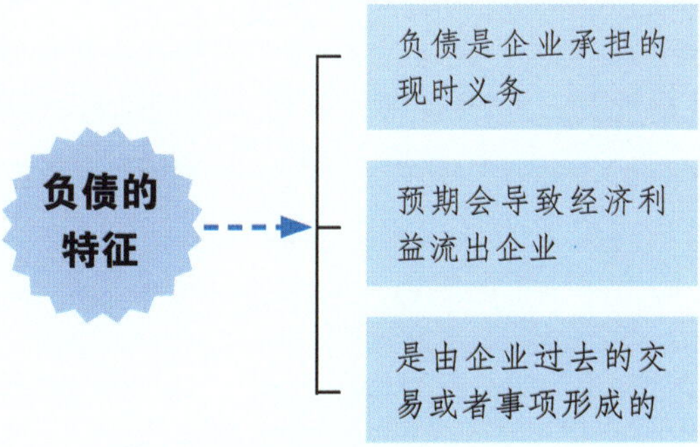

所有者权益

所有者权益也称股东权益，是指企业资产扣除负债后，为企业股东所拥有的剩余权益，也是企业的净资产。它反映的是股东在企业资产中享有的经济利益。

企业的资金来源主要有两部分：一部分是股东投入的资金，即所有者权益；另一部分是通过举债借来的资金，即负债。企业所有者权益是视企业的经营业绩好坏而增减的。如企业经营亏损，则所有者权益减少；企业盈利，则所有者权益会增加。所有者权益等于资产总额减去负债总额。

所有者权益主要由实收资本、资本公积、盈余公积和未分配利润等组成。其来源包括所有者投入的资本、直接计入所有者权益的利得和损失、留存收益等。所有者投入的资本是指企业所有者投入的部分资本，包括企业注册资本或股本的金额和投入资本超过注册资本或者股本部分的金额，即资本溢价或者股本溢价。这部分投入资本计入企业的资本公积，在资产负债表中的资本公积科目下反映出来。

Tips

所有者权益 = 资产总额 − 负债总额

直接计入所有者权益的利得和损失，是指不应计入当期损益，会导致所有者权益发生增减变动的、与所有者投入资本或者向所有者分配利润无关的利得或者损失。利得，是指由企业非日常活动所形成的、会导致所有者权益增加的、与所有者投入资本无关的经济利益的流入。损失，是指在企业非日常活动中所发生的、会导致所有者权益减少的、与向所有者分配的利润无关的经济利益的流出。

留存收益是企业往年实现的留存于企业的部分净利润，包括累计计提的盈余公积和未分配利润。

收入

收入是指企业在日常经营活动中，销售商品、提供劳务或让渡资产等形成的经济利益流入企业，会导致所有者权益增加，并且与所有者投入资本无关的经济利益流入。企业的收入包括主营业务收入和其他业务收入，但不包括为第三方或者客户代收的款项，如增值税中的进项税额。

收入具有以下几个特征：

其一，收入是企业在日常经营活动中形成的。即企业经营所从事的各种经济活动，如工业企业从事产品生产加工、商业企业销售产品、信息咨询公司提供咨询服务等，都是企业的日常活动。日常经营活动中产生的收益与非日常经营活动中产生的收益不同，两者需要区分开来，企业非日常活动所形成的收益应当计入利得，而不是收入。

其二，收入是与所有者投入资本无关的经济利益的流入，收入应当会导致经济利益流入企业，使企业的资产增加。如企业销售货物，获得的现金收入或者应收账款，则可以确定为企业的收入。如果是所有者投入资本的增加所导致的经济利益的流入，不能确认为企业的收入，而应确认为所有者权益增加。

其三，收入会导致所有者权益的增加，如果是不会导致所有者权益增加的经济利益流入，则不符合收入的定义，因此不能将其确认为收入。如企业向银行借入一笔款项，虽然也导致经济利益流入企业，但所有者权益并没有增加，而是使企业承担了一项债务，所以应当将其确认为企业的负债。

收入的特征

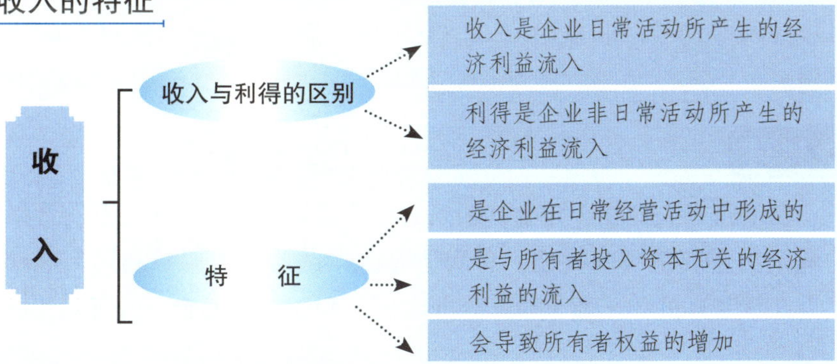

费用

费用是指企业在日常经营活动中发生的经济利益流出，会导致所有者权益减少，但与向所有者分配利润无关。与企业费用相关的经济利益流出，一般有因资产流出企业、资产损耗或负债增加而引起所有者权益减少等形式。如企业所有者抽回投资或向所有者分配利润，虽然会导致资产和所有者权益减少或负债增加，但不属于费用，因此，所有者抽回投资或向所有者分配利润不能被确认为费用。

Tips

成本是对象化的费用，如企业为生产产品、提供劳务而发生的各种耗费。

费用是针对一定的期间而言的，如企业在从事销售商品、提供劳务等日常活动中所发生的经济利益的流出。

费用具有以下几方面的特征：

其一，费用是企业在日常活动中形成的，它主要包括销售成本（营业成本）、应交税费、应付职工薪酬、折旧费等。费用必须是日常活动所形成的经济利益流出，如果是企业家非日常活动所形成的经济利益的流出，不能作为费用确认，应当计入损失。

其二，费用是与向所有者分配利润无关的经济利益的流出，费用会导致经济利益流出企业，从而使企业资产减少或负债增加。它包括存货、固定资产和无形资产等的流出或者消耗等。企业向所有者分配利润也会导致经济利益的流出，但这是属于所有者权益的抵减项目，不能作为费用。

其三，费用会导致所有者权益的减少。也就是说，不会导致所有者权益减少的经济利益的流出，不应属于费用的范畴，不能被确认为费用。

利润

利润是指企业在一定会计期间的经营成果。企业从事经营的最终目的就是为了获得利润收益。利润是根据“收入 - 费用 = 利润”这一等式为计算基础的。一般来说，企业实现了利润，表示企业的所有者权益将增加，企业的经营情况良好；相反，如果企业发生了亏损，表示企业的所有者权益将减少，企业经营不善。利润通常是评价企业管理者业绩的一项重要指标，也是投资者以及其他报表使用者进行决策时的重要参考。

利润的确认条件：利润是企业收入减去费用、利得减去损失后的净额。利润的确认前提是收入和费用以及利得和损失的确认。通过确认这些相关项目，才能计算出利润或亏损的净额。

收入减去费用后的净额是企业日常活动业绩的反映；直接计入当期利润的利得和损失，是企业非日常活动业绩的反映。直接计入当期利润的利得和损失是指应当计入当期损益、最终会引起所有者权益发生增减变动的，并且与所有者投入资本或者向所有者分配利润无关的利得或者损失。

会计分录

会计核算过程中的借贷记账法下，为了清晰、连续、系统地记录企业资产、负债和所有者权益的变化，以及各个账户之间的对应关系，首先要对每项经济业务性质的内容，所属账户、金额以及借贷方向等进行确认，然后再记录到有关分类账户中。这种分类记录方法，在会计核算中被称为会计分录，简称分录。

Tips

为了保持账户对应关系的清楚，一般不宜把不同经济业务合并在一起，编制多借多贷的会计分录。但在某些特殊情况下，为了反映经济业务的全貌，也可以编制多借多贷的会计分录。

会计分录的内容由账户名称、应借应贷方向、借贷金额三个部分构成。会计分录按涉及账户的多少，可分为简单会计分录和复合会计分录。简单会计分录是指只涉及一个借方、贷方账户的会计分录，即一借一贷的会计分录；复合会计分录是指由两个以上对应账户所组成的会计分录，即一借多贷、一贷多借、多借多贷的会计分录。

会计分录的编制格式是先借后贷，借贷分行，借方在上，贷方在下；贷方记账符号、账户、金额都要比借方退后一格，表明借方在左，贷方在右。

会计分录编制的步骤：

第一步，分析经济业务所涉及的账户，是资产、负债、所有者权益，还是收入、费用成本、利润账户。

第二步，分析所涉及账户的性质，确认会计科目以及记账方向是借还是贷。

第三步，确定账户增减变化的情况，如应记入哪个账户的借方或哪个账户的贷方。

第四步，确定借、贷账户是否正确，以及借、贷金额是否相等。

会计分录编制的步骤

第一步，分析经济业务所涉及的账户

第二步，分析所涉及账户的性质，确认会计科目和借贷方向

第三步，确定账户增减变化的情况

第四步，确定借、贷账户是否正确，借、贷金额是否相等

第五步，根据会计分录的格式要求，编制完整的会计分录

会计分录的编制实例

会计分录的借贷方向的确定，应根据账户所属的性质来进行：资产、费用、成本类账户的借方登记增加，贷方登记减少；负债、所有者权益、收入类账户的借方登记减少，贷方登记增加。

例 1： 甲公司将现金 5 000 元存入银行。

分析该笔经济业务：

涉及账户：现金　　银行存款

账户性质：资产类　资产类

增减变化：减少　　增加

记账方向：贷方　　借方

会计分录为：

借：银行存款　　5 000

贷：现金　　5 000

例 2：甲公司以银行存款 20 000 元，归还前欠货款。

分析该笔经济业务：

涉及账户：银行存款　　应付账款

账户性质：资产类　　所有者权益类

增减变化：减少　　增加

记账方向：贷方　　借方

会计分录为：

借：应付账款　　20 000

贷：银行存款　　20 000

例 3：甲公司收到投资人投入货币资金 100 000 元，已存入银行。

分析该笔经济业务：

涉及账户：银行存款　　实收资本

账户性质：资产类　　所有者权益类

增减变化：增加　　减少

记账方向：借方　　贷方

会计分录为：

借：银行存款　　100 000

贷：实收资本　　100 000

More

实收资本的核算

非股份公司投入的资本均通过实收资本科目核算，股份公司则通过股本科目核算。企业收到投资者投入的资金，超过其在注册资本所占份额的部分，作为资本溢价或股本溢价，在资本公积科目中核算，不记入实收资本科目。

第3章

会计凭证

会计工作的开始，前提是要取得会计凭证，然后才有接下来的会计核算、登记账簿、编制报表等一系列程序。一张支票什么时候过期？汇款单需要保存多久？空白发票有作用吗？会计所填制的凭证数目是和原始数目一样吗？这些都属于凭证问题，也是所有的财务数据的凭据。如果这一环节出现问题，那么财务报表就变得危险和不可信了。

本章教你：

▶会计凭证的分类。

▶如何填制和审核会计凭证？

▶会计凭证的保管需要注意什么？

会计凭证概述

任何企业在生产经营活动中，发生如现金收付、往来款项结算、物资进出等经济业务，经办人员都必须按要求填制会计凭证，以记录经营过程中每一笔发生的业务，包括经济业务的内容、日期、金额以及签章等。需保证会计凭证的真实、合法性，以作为登记会计账簿的依据。

会计凭证的分类

会计凭证是记录企业经济业务发生的书面证明，用来明确经济责任，以及作为登记账簿和会计核算的依据。企业经济业务的内容繁多，所以用于记录经济业务的凭证也多种多样。因此，要先对会计凭证加以分类。一般我们按会计凭证填制方法和用途不同，将凭证分为原始凭证和记账凭证两大类。原始凭证按其来源的不同，又可分为自制原始凭证和外来原始凭证两种。记账凭证按用途的不同，可分为专用记账凭证和通用记账凭证两种。

会计凭证的分类

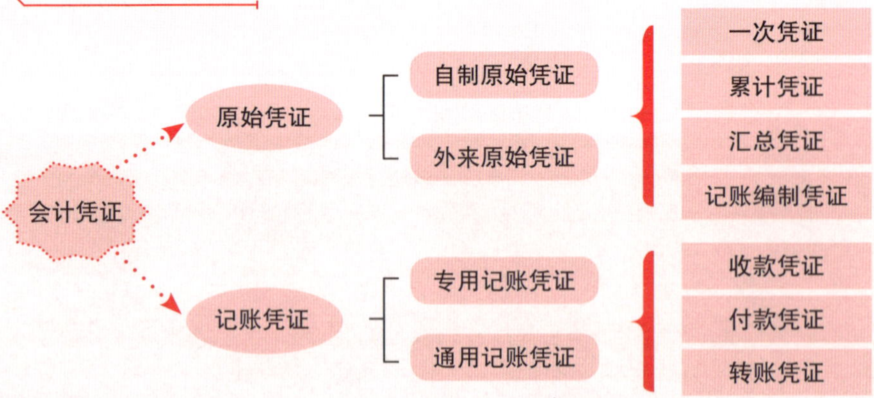

会计凭证的意义

会计凭证对于会计工作以及经济管理有着重要的作用，其意义表现在以下几个方面：会计凭证是登记账簿的依据；审核会计凭证可以起到有效的监督作用，并且有助于强化企业对经济业务的管理。

Tips

只有加盖签章、有个人签名、日期明确，并且在资金额度上以大写中文填写的会计凭证，才有法律效力。

会计凭证是登记账簿的依据

企业在生产经营的过程中，会发生各种各样的经济业务，会计要及时对企业所发生的经济业务进行准确无误的记录。一般在经济业务发生时或结束时即进行登记，并且填制相应的记账凭证。在会计期间结束时，根据审核无误的记账凭证依法登记账簿。

审核会计凭证可以起到有效的监督作用

审核会计凭证是会计的监督职能，通过对会计凭证的审核，可监督企业经济业务发生的真实合法性，如企业有无违反国家相关会计法规、

小故事

发票的由来

发票，即发货票的简称，它是财务收支的法定凭证和会计核算的原始凭证。发票随着经营活动的产生和发展而诞生。当人类社会的生产力发展到一定水平，并随着经济核算的需要逐步发展，人们意识到随着经济业务频繁发生和种类的繁多，需要有与之相适应的记录，于是产生了用于记录经济交易的发票凭证。

据文书记载："上古结绳而治，后世圣人，易之以书契。"最初人们是以"结绳"作为记录方法，而后"结绳"逐渐被"书契"代替，"书契"即我国发票的雏形。

制度，以及有无违背企业目标和计划，及时发现企业管理中存在的不足，以便及时纠正，改善企业的经营管理水平，提高企业的经济效益。

会计凭证有助于强化企业对经济业务的管理

企业所发生的每一项经济业务都需经办人填制会计凭证，并签名或加盖章。这样有助于明确经济责任，加强企业经济管理。

会计凭证的意义

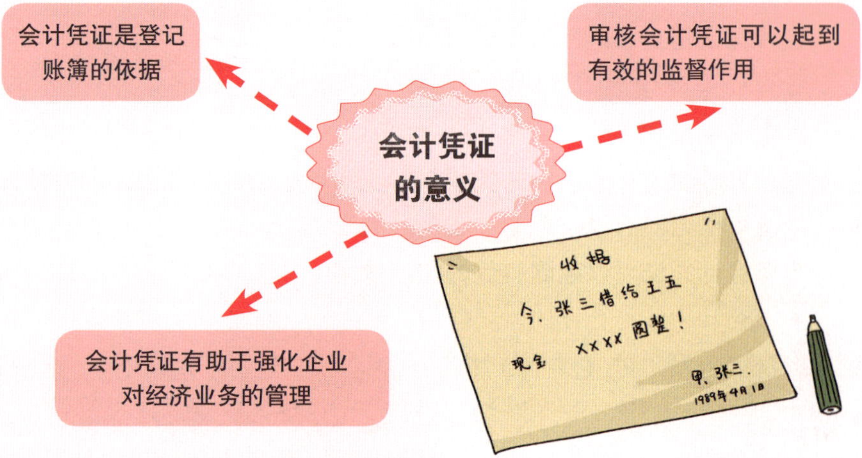

原始凭证与记账凭证的区别

原始凭证和记账凭证都是会计凭证，但两者之间又有着本质的区别，其区别表现在以下几个方面：

原始凭证一般是由经济业务发生时的经办人员填制的；记账凭证则是由会计人员根据原始凭证填制的。原始凭证是在经济业务发生或完成时填制的；记账凭证则是根据经审核无误后的原始凭证填制的。原始凭证只是对经济业务的发生或完成加以记录；记账凭证则需要根据会计科目分类，对已经发生或完成的经济业务进行整理和归类。原始凭证是作为填制会计记账凭证的依据；记账凭证则是作为登记会计账簿的依据。

原始凭证

原始凭证也称单据，是经济业务发生时填制的书面证明，也是最初的证明，在法律上具有证明效力。原始凭证主要有发票、单据等。记账凭证是指根据审核无误的原始凭证，按其经济业务的类型分类填制会计凭证，会计凭证是登记会计账簿的依据。原始凭证按取得的来源，可分为自制原始凭证和外来原始凭证两类。

自制原始凭证

自制原始凭证，是指在经济业务发生或完成时，由本企业经手人填制的凭证，如产品入库单、收货单等。自制凭证按不同的填制手续，又可分为：一次凭证、累计凭证、汇总原始凭证、记账编制凭证。

• 一次凭证是指只记录一项经济业务，或是记录同一种类型经济业务的一次填制完成的凭证。如验收入库单、领料单、报销单等。

• 累计凭证是指可以多次累计记载连续发生的同类型经济业务，到一个会计期末为止，才填制完成的凭证。如企业的限额领料单、费用登记表等。累计凭证手续上比较简化，而且易于对管理进行控制。

• 汇总原始凭证是指将一个时期的同类经济业务记录凭证，汇总编制成的一张汇总凭证。这是一种可以集中反映企业某一项经济业务的总体发生情况、简化记账凭证的编制工作。如现金收入汇总表、发料凭证汇总表、收料凭证汇总表等。

• 记账编制凭证是根据账簿将某一项经济业务整理、归类之后，再重新编制成的一种会计凭证。如在计算产品成本时编制的制造费用分配表等。

Tips

除了原始凭证外，所有的复印件、影印件或者其他形式的凭证都不具有法律效力，这些被称为二次凭证。

自制原始凭证分类

自制原始凭证

一次凭证	如验收入库单、领料单、报销单等
累计凭证	如限额领料单、费用登记表等
汇总原始凭证	如现金收入汇总表、发料凭证汇总表、收料凭证汇总表等
记账编制凭证	如制造费用分配表等

外来原始凭证

外来原始凭证也称外来凭证，是经济业务发生或完成时，从外单位取得的凭证，如企业购买设备或材料时从供货单位取得的发货票。外来原始凭证都是一次凭证，一般统一由税务印刷。外来凭证包括发票、货物运单、银行收账通知单、报销单等。外来凭证填制时必须加盖出具凭证单位的公章。

外来原始凭证的内容

根据我国《会计基础工作规范》规定，一张完整有效的外来原始凭证必须包括凭证名称，填制凭证的日期，凭证出具单位的名称，凭证接收单位的名称，经办人员的签名或盖章，经济业务的内容，金额、数量以及单价等。

• 凭证的名称：凭证按用途或来源的不同，必须有明确名称，以方便凭证的管理和业务处理。

• 填制凭证的日期：经济业务发生或完成时要明确经济业务发生的日期，便于对经济业务的真实有效性进行审查。

• 凭证出具单位的名称：填制凭证出具单位是为了证实经济业务的发生是可证明的，有利于对经济业务的来龙去脉有个整体的了解。

• 凭证接收单位的名称：填制接收单位的名称必须是单位名全称，这是为了证明确是本单位发生的经济业务，便于记账和查账。

• 经办人员的签名或者盖章：凭证上需要经办人的签名或盖章是为了明确经济责任。

• 经济业务的内容：凭证上记录经济业务的内容，以便人们了解经济业务的具体情况，以及查核经济业务的真实、合法性。

• 金额、数量和单价：凭证上填写经济业务发生的详细证明，是保证会计资料真实性的基础。

外来原始凭证的内容

原始凭证的填制

原始凭证必须按一定要求准确填写完整，才可以作为记账依据。如果不完整或有误，则不能作为有效的记账依据。原始凭证填写须按以下要求填制：记录要真实，内容要完整，手续要齐全，书写要规范和整齐，凭证编号要连续，不得涂改，并且凭证填制要及时。

记录要真实：原始凭证填写的经济业务内容和数字金额必须真实、合理。所记录的经济业务须符合实际情况，不能弄虚作假或伪造凭证，必须符合国家有关规定、制度的要求。

内容要完整：原始凭证填写的项目必须填列齐全，不能有省略或遗漏项目，且手续要齐全。有关部门的人员须在对凭证进行认真审核之后签名盖章。

手续要齐全：对于单位自制的原始凭证，须有领导或者其他指定的人员签章。原始凭证对外开出时，须加盖本单位公章；如果是由外单位取得的原始凭证，须盖有填制凭证单位的公章。

• 书写要规范和整齐：原始凭证的填写要按有关规定要求，内容要简洁、字迹要清晰可辨，大小写金额必须相符且填写规范。小写金额用阿拉伯数字规整填写，金额前要填写人民币符号“¥”，两者间不能留有空白，金额数字须填写到角、分。大写金额前未印有“人民币”字样的，应加写“人民币”三个字；大写金额到元或角为止的，后面要写“整”或“正”字；有分的，不写“整”或“正”字。

• 凭证编号要连续：原始凭证一般都印有编号，在填写时，应按编号的顺序连续填写；如果不慎填写错误需作废，则应加盖“作废”章，不能随意撕毁丢弃。

• 不得涂改：原始凭证有错误的，应由凭证出具单位更正或重新填写一张，更正时应在更正处加盖出具单位公章。如果金额有误，应由出具单位重新开具，不得在原始凭证上更正。

• 凭证填制要及时：原始凭证应在经济业务发生或完成时及时填写，并按规定的程序及时送交会计机构人员审核。

原始凭证的填制要求

原始凭证的审核方法

原始凭证的审核应当按照国家统一会计制度的规定进行审核。原始凭证审核的内容主要是对原始凭证的真实性、合理性、完整性、正确性以及合法性进行查核。

• 审核原始凭证的真实性，主要是审核所发生的经济业务是否真实、是否符合国家有关规定的要求，以及有无弄虚作假、违反相关法规制度等情况。如果审核发现有不实记录，多计或者少计收入和费用等违反相关法规制度的情况，则不可以将其作为合法真实的原始凭证，并且要按规定进行处理。

Tips

《会计工作基础规范》规定：会计凭证大写数字填写以汉字零、壹、贰、叁、肆、伍、陆、柒、捌、玖、拾、佰、仟、万、亿等填写。

• 审核原始凭证的合理性，是指审核所发生的经济业务是否符合节约资源、反对浪费等有利于提高经济效益的原则。如果有违背该原则的，不能作为合理的原始凭证。

• 审核原始凭证的完整性，是指审核原始凭证的填写是否完整，所需填列的项目是否填写齐全，或是填写的字迹是否清晰可辨。审核原始凭证时发现有未填写项目，如出现没有经办人员签章或无填写接收凭证单位名称、业务内容与附件不符等现象，则不能作为内容完整的原始凭证。

• 审核原始凭证的正确性，是指对凭证填写和计算的数量金额是否存在失误进行审核。如果审核发现有摘要与数量、金额不相符，或是数量、单价计算有误等情况，则不能作为正确的原始凭证。

• 审核原始凭证的合法性，就是审核原始凭证所反映的经济业务内容是否符合国家政策、法律法规、财务制度和计划的规定，成本费用列支的范围、标准是否按规定执行，有无违反财产纪律、贪污盗窃、虚报冒领、伪造凭证等违法乱纪行为。

审核原始凭证后，如发现有不符合以上要求的，有错误或不完整之处，应当按照有关规定进行处理。经过审核无误的原始凭证，才能作为编制记账凭证的依据。

原始凭证的审核内容

原始凭证的审核内容

审核原始凭证的真实性、合法性

审核原始凭证的完整性

审核原始凭证的合理性

审核原始凭证的正确性

汇总原始凭证

汇总原始凭证也称“原始凭证汇总表”，是指在会计核算工作中，为简化记账凭证的编制工作，将一定时期内若干份记录同类经济业务的原始凭证按照一定的管理要求汇总编制成一张汇总凭证，用以集中反映某项经济业务总括发生情况的会计凭证。汇总原始凭证是有关责任者根据经济管理的需要定期编制的。

Tips

汇总原始凭证只能将同类内容的经济业务汇总在一起，填列在一张汇总原始凭证上，不能将两类或两类以上的经济业务汇总在一起，填列在一张汇总原始凭证上。

More 原始凭证的审核

我国会计法对审核原始凭证明确规定：会计机构、会计人员必须审核原始凭证，这是法定职责；审核原始凭证应当按照国家统一的会计制度的规定进行，也就是说，会计机构、会计人员审核原始凭证的具体程序、要求，应当由国家统一的会计制度规定，会计机构、会计人员应当据此执行；对不真实、不合法的原始凭证，有权不予受理，并向单位负责人报告，请求查明原因，追究有关当事人的责任；对记载不准确、不完整的原始凭证予以退回，并要求经办人员按照国家统一的会计制度的规定进行更正、补充。

记账凭证

记账凭证也叫记账凭单，它是根据审核无误的原始凭证，按经济业务的类型进行整理归类，并确定会计分录填制的会计凭证。记账凭证在会计核算过程中，有助于方便记账和减少差错。编制记账凭证是将原始凭证记录的经济业务向会计账簿传递的重要环节。由于原始凭证的来源不同，类型规格也各式各样，为了方便统一核算，会计人员需要对原始凭证按业务类型进行分类、整理，填制记账凭证，并将原始凭证附在记账凭证后面。

记账凭证的分类

记账凭证按经济业务的不同，可分为通用记账凭证和专用记账凭证。

专用记账凭证是指专门记录一种类型的经济业务的凭证。按发生的经济业务与货币收付的方向的不同，可分为收款凭证、付款凭证和转账凭证三种。通用记账凭证是以一种单一格式的凭证记录企业所有发生的经济业务，没有转账、收款或支付的分类。通用记账凭证一般适用于业务较小且比较单一的企业。

记账凭证根据其包括的会计科目是否单一，分为复式记账凭证和单式记账凭证两类。

• 复式凭证也称多科目凭证，它是指将每一项发生的经济业务事项，包括所涉及的经济业务和发生额等内容，均记录在同一张记账凭证中。

• 单式凭证也称单科目记账凭证，是指每一张记账凭证只记录经济业务事项涉及的一个会计科目以及金额的记账凭证。

记账凭证类型

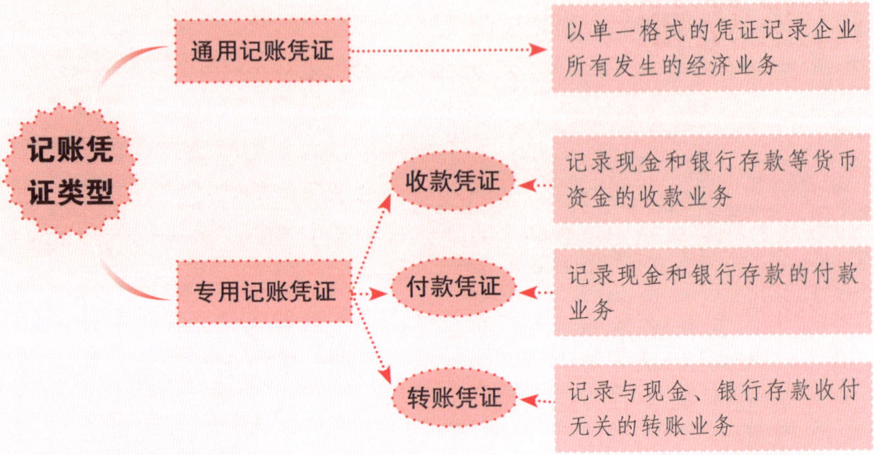

通用记账凭证

通用记账凭证是指用来记录各种经济业务的记账凭证。通用记账凭证是相对于专用记账凭证而言的，专用记账凭证根据发生的经济业务与货币方向的不同，分为收款凭证、付款凭证和转账凭证三种专用记账凭证。而通用记账凭证是将经济业务统一登记在凭证上，不做分类。通用记账凭证是一种适合所有经济业务的记账凭证。在经济业务比较简单的经济单位，为了简化凭证，可以使用通用记账凭证记录所发生的各种经济业务。记账时，将经济业务所涉及的会计科目全部填列在一张凭证内，借方在前，贷方在后，并将借贷金额填列在“借方金额”和“贷方金额”栏内，且借方和贷方金额要相等。

Tips

我国会计法规定：编制记账凭证必须以原始凭证以及有关资料为依据；作为记账凭证编制依据的原始凭证和有关资料必须经审核无误，未经审核的原始凭证和有关资料不得作为编制记账凭证的依据。

记账凭证的基本内容

一张完整的记账凭证，应包括以下内容：记账凭证的名称；填制记账凭证的日期；记账凭证的编号；经济业务事项的内容摘要；经济业务事项所涉及的会计科目及其记账方向；经济业务事项的金额；记账标记；所附原始凭证张数；会计主管、记账、审核、出纳、制单等有关人员的签章。

例：某企业发生一笔经济业务，购买原材料 10 000 元，应交税费为 2 000 元，货款用银行存款支付，该笔经济业务填制记账凭证如下：

通用记账凭证样板

记 账 凭 证

2010 年 10 月 1 日　　　　记 字第 01 号

摘要	总账科目	明细科目	千百十万千百十元角分	千百十万千百十元角分	
采购材料	原材料	××贸易公司	1000000		附件
	应交税费	进项税	200000		
	银行存款			1200000	
					张
	合计		1200000	1200000	

会计主管：张伟　　记账：　　出纳：李四　　审核：　　制证：张三

收款凭证

收款凭证是根据现金和银行存款收款业务的原始凭证来填制，主要记录现金和银行存款等货币资金的收款业务。填制收款凭证是以现金和银行存款的原始收款凭证为依据的。企业每发生一笔现金或银行存款收款业务，都要填制收款凭证。

收款凭证的填制方法为：

凭证左上方的“借方科目”，应填写“现金”或“银行存款”。

凭证右上方填写凭证的编号。收款凭证的编号填写，按收款的形式分为“现收 × 号”和“银收 × 号”，如果业务量不多，可以不分“现收”或“银收”，直接按业务发生的时间顺序填写“收字 × 号”。

凭证的“摘要”栏，简要填写经济业务的内容。

“贷方科目”栏内填写与现金或银行存款对应的有关科目，一级科目填写对应的总账科目，二级科目填写对应的二级明细科目。

“金额”栏是根据业务发生的实际金额填写的。

“记账符号”栏，是记账员登记有关账簿以后做记号用，表示已经记入有关账户，避免重复记账或漏记。

每到月末结账时，会计人员需要将凭证汇总，对凭证进行核算和检查，因为记账采用的是复式记账法，所以比较容易检查出是否有登记错误的地方。汇总收款凭证，是根据现金或银行存款的收款凭证，按现金或银行存款科目的借方和贷方分别设置和归类汇总，定期填列一次（一般 5 天或 10 天填列一次）。每月编制一张汇总凭证，月末将汇总收款凭证的数额合计，将它们分别登记在现金或银行存款总账的借方和对应账户的贷方。

例：甲公司 2013 年 8 月 1 日收到乙公司一张支票，支票为归还前欠货款，金额 20 000 元，支票已送存入银行。根据银行回单填制收款凭证如下：

收款凭证样板

收 款 凭 证

2013年8月1日 收字01号

摘　要	贷方科目		金　额							记账
	一级科目	明细科目	万	千	百	十	元	角	分	
收到前欠销货款	应收账款	乙公司	2	0	0	0	0	0	0	√
合　计　金　额			¥2	0	0	0	0	0	0	√

会计主管：　　记账：　　出纳：李四　　复核：　　填制：张三

付款凭证

付款凭证是根据现金和银行存款付款业务的原始凭证来填制，主要记录现金和银行存款的付款业务。收款凭证和付款凭证是财务登记现金日记账、银行存款日记账、明细分类账及总分类账等账簿的依据。

付款凭证的填制：企业发生的每一笔经济业务，只要是涉及现金或银行存款减少的，都要填制付款凭证。付款凭证的填制和收款凭证的填制方法和内容大致相同。两者的不同点是付款凭证的左上方应填列的是贷方科目，现金和银行存款的增加在借方，减少在贷方，所以收款凭证左上方是借方科目，而付款凭证左上方为贷方科目，表示现金或银行存款的减少。付款凭证的“借方科目”，填写与现金或银行存款对应的有关的总账科目和与之对应的二级明细科目。

Tips

汇总凭证是将不同内容的凭证汇总，如月末记账凭证汇总。汇总记账凭证不同于累计凭证，累计凭证是把相同经济业务内容的凭证累计在一起，编制凭证。

汇总付款凭证：根据现金或银行存款的付款凭证，按现金或银行存款科目的贷方和借方分别设置和汇总分类，定期填列，一般5天或10天填列一次。每月编制一张汇总凭证，月末结算出汇总付款凭证的合计数，将它们分别登记现金或银行存款总账的贷方，以及与之对应账户的借方。

例：2013年8月1日，甲公司王明预借差旅费1 000元，以现金支付，填制现金付款凭证如下：

付款凭证样板

付 款 凭 证

2013年8月1日付字01号

摘要	借方科目		金额							记账
	一级科目	明细科目	万	千	百	十	元	角	分	
王明借差旅费	其他应收款	王明	¥	1	0	0	0	0	0	√
合计金额			¥	1	0	0	0	0	0	√

会计主管： 记账： 出纳：李四 复核： 填制：张三

转账凭证

转账凭证主要是记录与现金、银行存款收付无关的转账业务。其填制依据是有关转账业务的原始凭证，转账凭证是登记总分类账和相关明细分类账的依据。

转账凭证的填制：转账凭证填制的依据是不涉及现金和银行存款收付的转账业务的原始凭证。企业所发生的每一项不涉及现金和银行存款增减的业务，都要填制转账凭证。转账业务不像收付业务那样有固定的对应账户，所以在填制转账凭证时，要按“借方科目”和“贷方科目”分别填列相关的总账科目和明细科目。借方科目的金额与贷方科目的金额都在同一行的“金额”栏内填列。

汇总转账凭证：根据转账凭证按每个科目的贷方分别设置，并按对应的借方科目归类汇总定期填列，一般5天或10天封死一次，每月编制一张转账凭证。月末结算出汇总转账凭证的合计数额，将它们分别登记在相关总账的贷方或借方。

例：光明公司2013年8月2日，甲材料入库2 000千克，按实际成本入账20 000元。该笔业务的凭证填写如下：

转账凭证样板

转 账 凭 证

2013年8月2日 转字03号

摘要	一级科目	明细科目	借方金额							贷方金额							记账
			万	千	百	十	元	角	分	万	千	百	十	元	角	分	
材料入库	原材料	甲材料	2	0	0	0	0	0	0	2	0	0	0	0	0	0	√
附件 张	合计		¥2	0	0	0	0	0	0	¥2	0	0	0	0	0	0	√

会计主管： 记账： 出纳：李四 复核： 填制：张三

会计凭证的传递和保管

会计凭证是企业重要的会计资料，也是会计监督的有效前提。企业必须按相关法规规定，在每一个会计期间结束后，将会计凭证装订成册，按凭证的期限进行保存，不得随意撕毁、丢弃或遗失，直到保管期限才可以按一定的法律程序进行销毁。

会计凭证的传递

会计凭证的传递，指的是会计凭证从填制、取得，到归档保管的整个过程，即在会计主体内部之间的交接过程。企业会计凭证的取得或填制来自不同的渠道，记录的经济业务、涉及的人员不同，办理的业务手续也不同。因此，为了规范会计凭证的管理，使会计凭证能够及时反映企业各项经济业务，发挥会计监督的作用，企业内部必须制定一个合理的传递程序，使各个环节相扣，相互督促，以提高会计工作效率。会计凭证的合理传递，对于及时处理和登记经济业务、明确经济责任、实行会计监督具有重要作用。因此，会计凭证的传递对企业内部经营管理具有重要的协调和组织作用。

会计传递的程序合理与否，对于企业内部的管理有着重要作用，其表现有以下两点：

其一，合理、科学的会计传递有利于完善企业经济业务的责权情况，该项工作是由多个部门或人员分工合作才能完成的。会计凭证是记录经济业务以及明确经济责任的文书证明，可以反映企业经济责任制度的执行情况。企业可以通过会计凭证传递程序和传递时间的规定，进一步完善经济责任制度，使每一项经济业务得以及时处理和顺利进行。

其二，合理、科学的会计传递有利于及时进行会计账簿登记，从企业的经济业务发生到账簿登记有一定的时间间隔，通过会计凭证的传递，可以使会计部门尽早了解经济业务的发生和完成情况，并通过会计部门内部的凭证传递，及时记录经济业务，进行会计核算和会计监督。

会计传递的作用

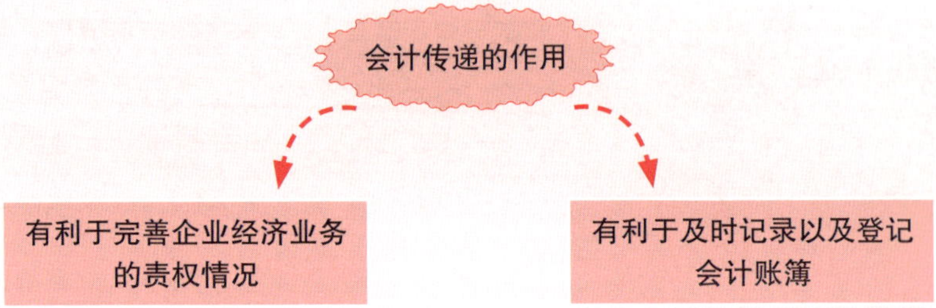

会计凭证保管

会计凭证的保管，是指会计凭证记账后的整理、装订、归档和存查工作。会计凭证是重要的会计档案和经济资料，每个单位都要建立保管制度，妥善保管。对会计凭证要进行分类，按照编号顺序整理，装订成册。封面上要注明会计凭证的名称、起讫号、时间以及有关人员的签章。要妥善保管好会计凭证，在保管期间，会计凭证不得外借。会计凭证保管期满后，必须按照规定的审批手续，报经批准后才能销毁。会计凭证销毁前需要填制“会计档案销毁目录”，并交由档案部门编入会计档案销毁清册。销毁过程中，需要有责任人进行监销，并由责任人签字盖章。须永久保留的会计凭证，不能销毁。

Tips

原始凭证和记账凭证涉及不同部门和人员，因此，会计凭证的传递程序和传递时间需要通过调查研究和协商来制定。

会计凭证的归档

企业在每个会计年度结束时，对会计资料、会计凭证要妥善保管。一般在会计月度或季度后，会计要对本期凭证进行整理、检查，然后装订成册。装订成册的会计凭证应妥善、集中保管。会计凭证的保管期限和销毁手续，须按会计制度的要求严格执行。

会计资料的保存年限

会计凭证应定期装订成册，防止散佚；会计凭证封面应注明单位名称、凭证种类、凭证张数、起止号数、年度、月份、会计主管人员、装订人员等事项，会计主管人员和保管人员应在封面上签章；会计凭证应加贴封条，防止抽换凭证；原始凭证不得外借，若单位有特殊情况需要用的，需经本单位会计机构负责人、会计主管人员批准，可以复制，并在专设的登记簿上登记，由提供人员和收取人员共同签名、盖章；原始凭证较多时可单独装订，但应在凭证封面注明所属记账凭证的日期、编号和种类，同时在所属的记账凭证上注明“附件另订”及原始凭证的名称和编号，以便查阅；企业必须严格遵守会计凭证的保管期限要求，期满前不得任意销毁。不同类型的会计资料需要保存的时间期限不一样，一般分为3年、15年、25年和永久几个等级的期限。具体资料年限如下：

会计凭证的保存期限

类　　型	年限	类　　型	年限
原始凭证、记账凭证	15年	月、季度会计报表	15年
银行存款余额调节表	3年	年度会计报表	永久
日记账	15年	会计档案保管清册及销毁清册	25年
现金和银行存款日记账	25年	财务成本计划	3年
明细账、总账、辅助账	15年	主要财务会计文件、合同、协议	永久
主要财务指标报表	3年	涉及外来和对私改造的会计账簿	永久

如果企业从外单位取得的原始凭证不慎遗失，应向原签发企业取得盖有公章的证明，并注明原始凭证的号码、金额、内容等，由经办企业会计机构负责人、会计主管人员和单位负责人批准后，才能代作原始凭证。若确实无法取得证明，如车票丢失，则应由当事人写明详细情况，由经办企业会计机构负责人、会计主管人员和单位负责人批准后，再代作原始凭证。

第4章

会计账簿设置

会计账簿是按照国家统一规定的格式和方法进行登记的，如总账、日记账等都是企业按统一设置的格式和程序进行登记。会计账簿是根据审核无误的汇总会计凭证登记，也是编制会计报表的依据。如何登记账簿？如何更正账簿？如何保存账簿？如何确定哪些账簿是错误的？一个合格的会计首先得学会如何对待账簿。

本章教你：

- 什么是会计？
- 企业常用的会计账簿有哪些？
- 如何给企业设置会计账簿？
- 账簿登记有误的处理方法。
- 会计账簿的保管和更换要求。

账簿的种类

会计账簿也称账簿，是指由一定格式的账页组成的，用以全面、连续地记录一个企业经济业务事项的会计簿册。企业按国家统一的会计制度规定进行设置和登记会计账簿，也是会计核算的主要工作。会计账簿是连接会计凭证和会计报表的重要环节。

会计账簿的形式和内容

会计人员在审核原始凭证并填制记账凭证之后，还要登记会计账簿。会计核算过程中，每一项发生的经济业务都需要取得和填制会计凭证。会计凭证的数量多并且很分散，不能全面、系统地反映企业一个时期的经济活动全貌，不便于监督和日后查阅。所以，为了能够把企业的经济业务系统地归纳起来，企业需要设置和登记会计账簿，将分散的会计资料集中归类，登记在会计账簿里，为编制会计报表以及审计等提供重要依据。

企业应根据有关规定，结合企业经济业务的特点和经营管理的需要，设置所需的账簿。会计账簿的种类、样式繁多，不同的账簿格式或是形式会有所不同，但都应具备以下形式和内容。

账簿的形式主要包括：封面、扉页、账页。

• 封面主要用来标明账簿的名称，如总分类账簿、现金日记账、银行存款日记账等。

• 扉页主要用来标明会计账簿的使用信息，如会计科目索引、账簿启用和经管人员一览表等。

• 账页主要用来记录经济业务事项的内容，账页的格式根据反映经济业务内容的不同而有所区别。

账簿的内容应包括：账户的名称，以及科目、二级科目或明细科目；登记账簿的日期栏；记账凭证的种类和号数栏；摘要栏，即所记录经济业务内容的简要说明；金额栏，即记录经济业务的增减变动和余额；总页次和分户页次栏。

会计账簿的形式和内容

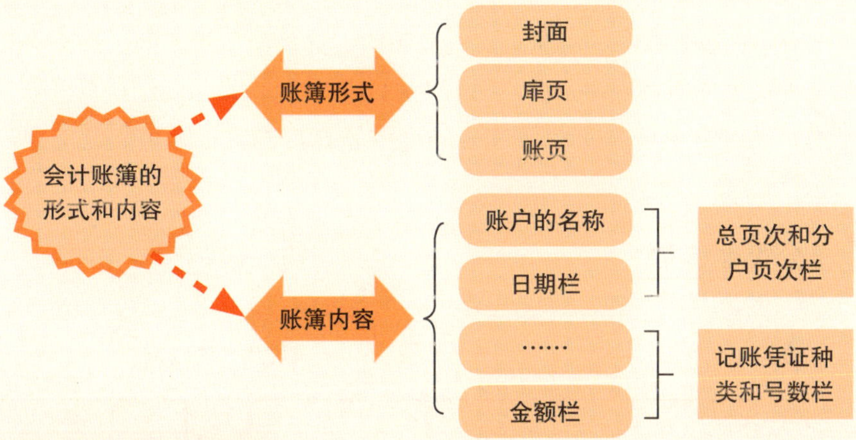

会计账簿的分类

会计账簿按其用途的不同，分为序时账簿、分类账簿、备查账簿。

序时账簿，也称日记账，是根据经济业务发生或完成的时间先后顺序，逐日逐笔进行登记的账簿。早期的会计中，对于每天发生的经济业务必须逐日进行登记，以记录当天发生的金额。因此，也称为日记账。日记账按记录内容的不同又分为普通日记账和特种日记账。

• 普通日记账就是将企业每天发生的经济业务，按时间先后顺序，逐项编制会计分录，然后登记入账簿。

• 特种日记账是为特定经济业务单独设置的，按发生的时间顺序将特定的经济业务登记入账。特种日记账主要有银行存款日记账、库存现金日记账等。企业可以根据自身经济业务的特点设置特种日记账。一般是对于比较重要且发生比较频繁的业务设置特种日记账。

分类账簿，是指按经济业务事项所属的会计要素类别，设置分类账户进行登记的账簿。分类账簿按照记录内容的详细程度，可分为总分类账和明细分类账。

• 总分类账也称总账，其账户是根据总分类科目设置的，用来登记所有发生的经济业务，并进行分类核算，总体概括企业的经营情况。总分类账是编制会计报表的主要依据。因而，任何企业都必须设置总分类账。

• 明细分类账也称明细账，是按照明细分类科目设置的，用来登记某一种类型的经济业务，并且进行明细分类核算，提供明细核算资料的账簿。明细分类账是对经济业务的详细补充，同时也是编制会计报表的依据。

总分类账样板

总 分 类 账

科目名称：____________

年		凭证编号	摘　　要	借方							贷方							借或贷	余额							
月	日			万	千	百	十	元	角	分	万	千	百	十	元	角	分		十	万	千	百	十	元	角	分

备查账簿也称备查簿、辅助账簿，是对一些在序时账簿和分类账簿中不能详细记录的经济业务进行补充登记的一种账簿，以此为某些经济业务的内容提供详细的参考资料。企业可以根据经济业务的需要设置或者不设置备查账簿；备查账簿不像日记账和分类账有固定的格式准备。设置备查账簿的项目一般有租入固定资产登记簿、代销商品登记簿等。

会计账簿用途分类

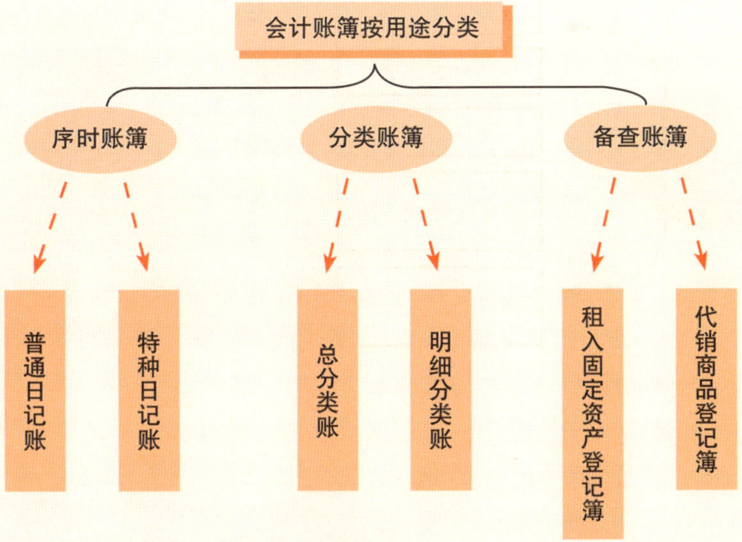

会计账簿的格式和外形特征

会计账簿按账页格式可分为两栏式账簿、三栏式账簿、多栏式账簿、数量金额式账簿、横线登记式账簿。

• 两栏式账簿，是指只有借方和贷方两个基本金额的账簿。一般收入、费用类账户普遍采用两栏式账簿。

• 三栏式账簿，是指账簿中设有借方、贷方和余额三栏，如日记账、总分类账、资本明细账等。

• 多栏式账簿，是指账簿的两个基本栏目，即借方和贷方，按需要划分成多个专栏的账簿。如收入、费用明细账就用多栏式账簿。

• 数量金额式账簿，设有借方、贷方和金额三个栏目，并且分设数量、单价和金额三个小栏，以明确记录和反映经济业务的具体数量和价格。一般原材料、库存商品等明细账普遍采用数量金额式账簿。

• 横线登记式账簿，这种账簿的格式是在同一张账页的同一行里，登记某项经济业务从发生到结束的完整内容。

会计账簿的格式

会计账簿按格式分类

两栏式账簿	只有借方和贷方两个基本金额
三栏式账簿	设有借方、贷方和余额三栏
多栏式账簿	借方和贷方划分成多个专栏
数量金额式账簿	设有借方、贷方和金额栏以及数量、单价和金额栏
横线登记式账簿	在同一张账页的同一行里，登记经济业务从发生到结束的内容

会计账簿按外形特征可分为订本式账簿、活页式账簿和卡片式账簿。

• 订本式账簿，简称订本账，是在启用前将编有顺序页码的一定数量账页装订成册的账簿。这种账簿一般适用于重要的和具有统驭性的总分类账、现金日记账和银行存款日记账。

订本式账簿的优点是可以避免账页散失，防止账页被抽换，比较安全；缺点是同一账簿在同一时间只能由一人登记，这样不便于会计人员分工协作记账，也不便于计算机打印记账。

Tips

特种日记账，如库存现金日记账和银行存款日记账，以及总分类账，必须采用订本账形式。

• 活页式账簿，简称活页账，是将一定数量的账页置于活页夹内，可根据记账内容的变化而随时增加或减少部分账页的账簿。活页账一般适用于明细分类账。其优点表现为：可以根据实际需要增添账页，不会浪费账页，使用灵活，并且便于同时分工记账。其缺点则是账页容易散失和被抽换。

• 卡片式账簿，简称卡片账，是指将一定数量的卡片式账页存放于专设的卡片箱中、账页可以根据需要随时增添的账簿。卡片账一般适用于低值易耗品、固定资产等的明细核算。在我国，一般只对固定资产明细账采用卡片账形式。

账簿的设置和登记

设置账簿也称建账，企业应按照有关规定，根据企业的性质和规模需要设置会计账簿。设置账簿主要是用来确定账簿的种类、数量、内容以及格式。一般需要设置总分类账、明细分类账、日记账和其他辅助账等。设置账簿的同时，既要保证账簿的严密、完整，又要使其具有合理性和可操作性。既要避免过于复杂烦琐，又不可过于简化，要设置合理，便于查看。

账簿设置的作用和原则

根据我国会计法的有关规定：“各单位发生的各项经济业务事项应当在依法设置的会计账簿上统一登记、核算，不得违反会计法和国家统一的会计制度的规定而私设会计账簿、登记、核算。”

会计账簿的作用主要表现在以下方面：可以为企业经济管理提供完整、系统的会计信息；可以全面、系统、连续地反映企业的经济业务；成为计算财务成果和编制会计报表的主要依据；为会计监督提供有效依据。

Tips

从事生产经营的纳税人，自领取营业执照之日起15日内，必须按照规定设置账簿。扣缴义务人应自扣缴义务发生之日起10日内分税种设置代扣代缴、代收代缴税款账簿。

设置会计账簿是登记账簿的基础前提，也是会计核算中较为重要的环节。每个企事业单位的经济性质和经济业务特点都不相同，因而，企业账簿设置的原则也有所差异。在设置账簿时，要依照会计准则和国家统一的规定，根据企业的实际情况和经济管理的需要，设置不同的账簿。任何企业在设置账簿时，都应遵守一定的原则，即保证账簿的统一性和灵活性；保证账簿的严密性，避免烦琐或过于简化；要有利于会计部门内部的合理协调。

• 要保证账簿的统一性与灵活性，即须按照《会计基础工作规范》的规定，统一设置总账、明细账、日记账和其他辅助账簿，现金日记账和银行存款日记账则必须采用订本式账簿。在这个前提下，根据企业的规模大小、经济性质等情况，合理规范地设置会计账簿。如果是经济规模较小、业务简单的企业，账簿设置可以简略些；如果企业规模较大、业务复杂繁多，设置账簿时可以精细一些，便于全面、准确地表达。但企业设置账簿的前提是必须保证能够准确、全面地提供企业会计信息，并且符合企业经济管理的需要。

• 要保证账簿的严密性，避免烦琐或过于简化。企业的经济活动类型有主次之分，如主营业务和其他业务。因此，设置账簿时应以此为依据，使记录的经济业务信息主次分明、互相配合，避免重复或遗漏。设置账簿时，应科学合理地设计登记方法和流程，有利于会计工作更加流畅，提高会计工作的效率和会计信息的质量。

• 要有利于会计部门内部的合理协调。在设置会计账簿时，还要考虑企业会计部门内部的分工统一、合理，整体工作有条不紊，充分发挥企业的整体效应，以提高会计工作的效率和质量。

会计账簿的启用

会计账簿是由专门人员负责登记的，登记人员要保证账簿记录的资料完整，具有合法性。因此，为了明确记账责任，会计账簿在启用时，应该登记账簿启用的相关信息，以提高和维持会计记录的严谨性。会计账簿启用时，需要登记的信息包括以下内容。

设置账簿的封面和底面（订本账无须设置封面），并登记企业名称、账簿名称和所属会计年度。

在启用新会计账簿时，应首先填写在扉页上印制的“账簿使用登记表”中的启用说明，包括企业名称、账簿名称、账簿编号、起止日期、单位负责人、主管会计、审计人员和记账人员等内容，并加盖企业公章。如果变更会计人员，须办理移交手续，并在“账簿启用及交接表”填写交接说明。

账簿启用表样板

<table>
<tr><td>单位名称</td><td colspan="9">XXXXX</td><td>单位公章</td></tr>
<tr><td>账簿名称</td><td colspan="9">XXXX年总账</td><td></td></tr>
<tr><td>账簿编号</td><td colspan="9">字第X号第 X 册共 X 册</td><td></td></tr>
<tr><td>账簿页数</td><td colspan="9">本账簿自第 X 页至 X 页共计 X 页</td><td></td></tr>
<tr><td>启用日期</td><td colspan="9">XXXX年XX月XX日</td><td></td></tr>
<tr><td>法人代表</td><td colspan="4">XXX（章）</td><td colspan="5">会计机构负责人</td><td>XX（盖章）</td></tr>
<tr><td colspan="2">经管人员</td><td colspan="3">接管</td><td colspan="3">移交</td><td colspan="2">会计负责人</td><td>印花税票粘贴处</td></tr>
<tr><td>姓名</td><td>盖章</td><td>年</td><td>月</td><td>日</td><td>年</td><td>月</td><td>日</td><td>姓名</td><td>盖章</td><td></td></tr>
<tr><td>XXX</td><td></td><td></td><td></td><td></td><td></td><td></td><td></td><td>XXXX</td><td></td><td></td></tr>
<tr><td></td><td></td><td></td><td></td><td></td><td></td><td></td><td></td><td></td><td></td><td></td></tr>
<tr><td></td><td></td><td></td><td></td><td></td><td></td><td></td><td></td><td></td><td></td><td></td></tr>
<tr><td colspan="2">财政部门监管登记</td><td></td><td></td><td></td><td></td><td></td><td></td><td></td><td></td><td></td></tr>
</table>

账户目录。总账是根据一级会计科目的编号顺序填写账户名称和页码。活页式明细账依照所属会计科目编号填写科目名称和页码。年度结账时，总账应按照会计科目的编号顺序填写科目名称及启用页码。对于活页式明细分类账，应按照所属会计科目填写科目名称和页码，在年度结账后，撤去空白账页，填写使用页码。

粘贴印花税票。印花税票应粘贴在账簿的右上角，并且划线注销。在使用缴款书缴纳印花税时，应在右上角注明“印花税已缴”及缴纳金额。

会计账簿的登记

普通日记账的登记方法：普通日记账一般只设借方和贷方两个金额栏，因此，也称为两栏式日记账。普通日记账的登记是将每天发生的经济业务逐笔登记在借方和贷方，用以反映经济业务情况。但是，这样不便于分工记账和对经济业务加以分类归集，且记账的工作量大。

现金日记账的登记方法：现金日记账是由出纳人员根据同现金收付有关的记账凭证，按时间顺序逐日逐笔进行登记，并根据“上日余额＋本日收入－本日支出＝本日余额”的公式，逐日结出现金余额，结算出当日余额并与库存现金的实存数核对，以检查每日现金的支出和收入有无误差。

多栏式现金日记账的登记方法：先根据有关现金收入业务的记账凭证登记现金收入日记账，根据有关现金支出业务的记账凭证登记现金支出日记账，每日营业终了，根据现金支出日记账结计的支出合计数，一笔转入现金收入日记账的“支出合计”栏中，并结出当日余额。

银行存款日记账的登记方法：银行存款日记账是用来核算和监督银行存款每日的收入、支出和结余情况的账簿。银行存款日记账应按企业在银行开立的账户和币种分别设置，每个银行账户设置一本日记账。银行存款日记账的格式和登记方法与现金日记账相同。

例：某企业 2013 年 9 月，库存现金余额为 700 元，从银行提取 20 600 元，用于发放工资。该笔业务登记会计账簿如下：

现金日记账样板

现金日记账

2013年		记账凭证		对方科目	摘要	现金支票号码	借方							贷方							余额						
月	日	字	号				万	千	百	十	元	角	分	万	千	百	十	元	角	分	万	千	百	十	元	角	分
09	01				期初余额																		7	0	0	0	0
	15	记	2	银行存款	提取现金		2	0	6	0	0	0	0														
	15	记	2	应付工资	发放工资									2	0	6	0	0	0	0							
					本月合计		2	0	6	0	0	0	0	2	0	6	0	0	0	0			7	0	0	0	0

银行存款日记账样板

银行存款日记账

2013年		记账凭证		对方科目	摘要	结算方式	借方							贷方							余额							
月	日	字	号			号码	万	千	百	十	元	角	分	万	千	百	十	元	角	分	十	万	千	百	十	元	角	分
09	01				期初余额																1	2	0	0	0	0	0	0
	15	记	2	银行存款	提取现金									2	0	6	0	0	0	0		9	9	4	0	0	0	0
	30	记	6	生产成本、管理费用	支付电费										2	0	0	0	0	0		9	7	4	0	0	0	0
					本月合计									2	2	6	0	0	0	0		9	7	4	0	0	0	0

总账的登记

总分类账是一级会计科目设计的，将经济业务分类、连续地记录，用以反映企业经营成果全貌的账簿。总分类账一般采用订本账，也有采用活页账登记的。采用活页账本登记的，年终时须装订成册并保存好，防止账页丢失和被偷换掉账页。总分类的账页格式一般有三栏式、多栏式、棋盘式和日记总账四种。一般较常用的是三栏式的账簿，其登记方式如下。

总账账页左上方的“科目名称”处填写账户的名称。

“摘要”栏是对经济业务的简要说明。如果企业采用记账凭证汇总表登记总账，平时可以不填；或是根据登记日期，在“摘要”栏中简要写明“某日至某日发生额”的字样。

登记时，要按经济业务发生的时间顺序连续登记。一般经济业务比较多的企业，通常是采用记账凭证汇总表登记总账。因此，不会天天登记，一般是定期进行登记。登记时，将同科目的记账凭证汇总，计算出借方和贷方余额，然后分别登记到总账的借方和贷方栏。

Tips

总账一般是一个月只登记一次，登记时摘要栏里应注明凭证的起止号，可以不再做本月合计，因为本月数就是一个。但是，可以增加季度累计，这样可以使账目清晰明了。

三栏式总账样板

总分类账

科目：现金　　编号（　）　　2013年度　　页码：

记账凭单			摘　要	借　方	贷　方	借或贷	余　额
月	日	顺序号					
9	1		期初余额			借	700
	15	记21/2	提现备发工资	20 000		借	20 700
	15	记22/2	发放工资		20 000	借	700
	30		本月发生额及余额	20 000	20 000		700

明细分类账的登记方法

不同类型经济业务的明细分类账，可根据管理需要，依据记账凭证、原始凭证或汇总原始凭证逐日逐笔或定期汇总登记。固定资产、债权、债务等明细账，应逐日逐笔登记；库存商品、原材料、产成品收发明细账以及收入、费用明细账，可以逐笔登记，也可定期汇总登记。

明细分类账是根据二级账户或明细账户开设的。企业可根据其经济业务的特点和管理需要，对会计凭证逐日逐笔进行登记，或是根据汇总原始凭证定期登记明细分类账，为企业提供明细的会计核算资料。明细分类账的格式有三栏式、多栏式、数量金额式等多种。

• 三栏式明细分类账是设有借方、贷方和余额三个栏目，将各项经济业务分类核算，提供企业详细的会计核算资料的账簿。三栏式账簿一般适用于只进行金额核算的资本、债权、债务明细账。

• 多栏式明细分类账是根据经济业务的特点和经营管理的需要，在一张账页上记录某一个会计科目的详细内容。它不是按明细科目分设账页，而是按总账科目的明细项目专门设置的记录。多栏式明细分类账一般适用于只记金额、不记数量的收入、费用和利润科目。

• 数量金额式明细分类账的账页，在借方（收入）、贷方（发出）

和余额（结存）栏内，分别设有数量、单价和金额三个栏次。数量金额式明细分类账适用于既需要金额核算，又需要进行实物数量核算的财产物资科目。

数量金额式明细账的登记，是由会计人员根据审核无误的记账凭证、原始凭证、汇总原始凭证等，按经济业务发生的时间顺序逐日逐笔进行登记的。

数量金额式明细账样板

原材料明细分类账

材料名称：甲种材料　　　　　　　　　　　　　　实际单价：10元

规格：10 mm×10 mm　　　　计量单位：　千克　　　　本户第　×　页

2013年		凭证字号	摘要	收入（借方）			发出（贷方）			结存（余额）		
月	日			数量	单价	金额	数量	单价	金额	数量	单价	金额
9	1		期初余额							15 000	20	300 000
	2	记1	生产甲产品领用				1 260	20	25 200	13 740	20	274 800
	2	记1	生产乙产品领用				1 420	20	28 400	12 320	20	246 400
	2	记1	生产车间耗用				100	20	2 000	12 220	20	244 400
	2	记1	管理部门领用				120	20	2 400	12 100	20	242 000
			本月合计				2 900		58 000	12 100	20	242 000

More

横线登记法

除上述几种明细账登记方法外，还有一种是横线登记法明细账。横线登记法明细账是在账页的同一行内，逐笔逐项登记每笔经济业务的“借方”和与其相对应的“贷方”。一般适用于材料采购业务的收支、报销、收回等情况。

错账的更正方法

会计日常工作中，账簿登记应做到整洁、正确，但出现误差是难免的。若是发现账簿登记错误，则不能随意涂改、挖补或用其他方法消除字迹，而是必须按规定的方法进行错账更正。由于错账的种类、形成的原因或发现的时间不同，进行更正的方法也有所不同。因而，在发现记账误差时，应根据具体情况采用不同的错账更正方法。

错账的形式

错账的主要形式有文字上的笔误、数字的错误、计算的差错以及会计确实的错误。常见的账簿记录差错具体有以下几种：重复登记分录、漏记分录、借贷方向记错、数字记错、计算错误等。

• 重复登记分录，是指将一笔会计分录重复登记，或一笔分录的其中一方登记重复。

• 漏记分录，是指将一笔会计分录漏记，或只登记了一笔分录的其中一方。

• 借贷方向记错，是指将一笔分录本应记在借方的金额误记成贷方，或将贷方错记成借方。

• 数字记错，是指将会计分录金额的数字写错或错位登记等。

• 计算错误，是指金额计算时的误差，如合计数算错或计算中漏计或重复计算某一项金额等。

Tips

会计误差和错账是两回事。错账是可以发现并更正的，而会计误差即使发现也无法更正。

会计账簿错账的形式

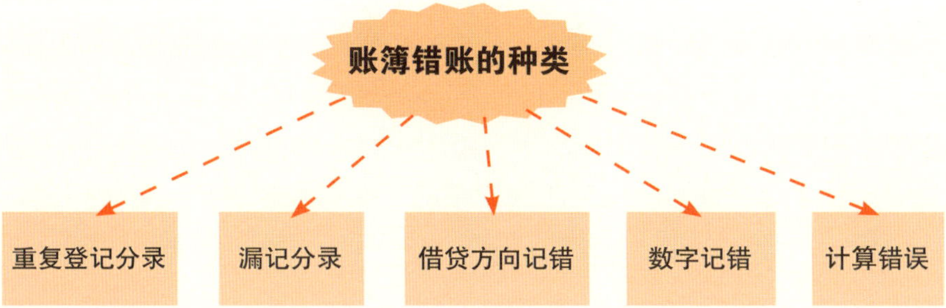

造成记账错误的原因有多种，但更正错账的方法主要有三种，分别是划线更正法、红字更正法、补充登记法。

划线更正法

划线更正法，是指用划红线的方法，将原有的错误记录注销，然后在原错误记录上方填写正确金额的记录方法。划线更正法适用于登记账簿过程中发现有错误的情况。

在登记账簿的过程中，如果发现文字或数字登记错误，而记账凭证没有错误，即可采用划线更正的方法：首先将错误的文字或数字划一条红色横线，以表示注销；然后在划线的上方用蓝色字迹写上正确的文字或数字。需要注意的是：如果是文字错误，只需将错误的文字划销；如果是数字错误，则不能只划掉其中写错的数字，而是要将全部数字划销，再将正确数字填写在划线的上方。划线时，只划一条横线即可，要保持被划去的字迹仍可清晰辨认。在划线更正后，经办人须在划线的旁边签章，以明确责任。

如在登记账簿时，误把 2 340 记为 2 430，用划线更正法将其更正的做法为：用红色笔在登记错误的 2 430 上画一条线，然后在上方写上正确的数字：2 340。注意：不能只改 3 和 4 两个数字。之后，由经办人员签章。

红字更正法

红字更正法，也称红笔订正法或赤字冲转法，是指由记账凭证错误导致账簿记录错误，采用红字冲销原记账凭证，更正账簿记录的方法。红字更正法适用于登记入账以后，发现记账凭证上的应记科目和金额发生错误的情况。

用红字更正法时，应先用红字填写一张与原错误凭证记录内容相同的凭证，并在摘要栏注明“更正第 ×× 号错误凭证”，据以用红字登记入账，以冲销原来的错误记录；然后再用蓝字填制一张正确的记账凭证，并登记入账。

例：某企业生产车间领用原材料一批，投入生产，金额共计 10 000 元。在填制会计凭证时，误将“生产成本”科目写为“管理费用”，并已登记入账。

原错误的会计分录如下：

借：管理费用　　10 000
　　贷：原材料　　10 000

发现错误时，先用红字填制一张记账凭证，并登记入账：

借：管理费用　　10 000
　　贷：原材料　　10 000

再用蓝字填制一张正确的记账凭证，并登记入账：

借：生产成本　　10 000
　　贷：原材料　　10 000

如果会计分录的借、贷账户没有错，只是把金额写成了大于实际金额，那么更改时，可将大于实际金额的部分，填制一张红字金额记账凭证，并在凭证的摘要栏注明“冲转第 × 号凭证多计数”，并据以入账，以冲销原来多计的金额。

例：企业用银行存款 1 000 元购买办公用品，编制记账凭证时误记成了 10 000 元。

错误分录如下：

借：管理费用　　　　　　10 000

　　贷：银行存款　　　　　　10 000

发现错误后，将多记金额填制一张红字金额的记账凭证，并登记入账：

借：管理费用　　　　　　9 000

　　贷：银行存款　　　　　　9 000

补充登记法

登记账簿以后，如发现记录的金额有误，所记金额小于实际应记金额，且凭证填写的会计科目应借、应贷无误时，可以采用补充登记法。

补充登记法的做法为：将少记的金额用蓝字或黑字填制一张与错误凭证内容相同的记账凭证，在摘要栏内注明“补充少记金额”以及原错误记账凭证的号数和日期，并据以登记入账，以补充少记的金额。

例：某企业从银行提取现金 32 000 元，准备发放工资，编制会计分录时将金额误写成 23 000 元，并已登记入账。

原错误分录如下：

借：现金　　　　　　23 000

　　贷：银行存款　　　　　　23 000

发现错误后，将少记金额 9 000 元用蓝字填制一张记账凭证，并登记入账：

借：现金　　　　　　9 000

　　贷：银行存款　　　　　　9 000

对账和结账

对账，是指在一个会计期间的期末，在结账以前，对账簿登记的有关数据进行检查和核对。对当期的账簿记录数字与库存实物、货币资金、往来款项等财产物资以及各个相关账户进行核对，以保证账证相符、账账相符、账实相符。企业对账工作应每年至少进行一次。

对账

为了保证各种账簿记录的内容完整和正确，并为编制会计报表提供真实可靠的数据资料，企业必须做好对账工作。对账包括日常核对和定期核对。日常核对是指在会计工作中，对会计凭证以及会计分录进行核对，看有无错误。定期核对，是指每个会计期间结束时，如年末、季末、月末等，在结账前对账簿记录和会计凭证进行核对，检查记账工作是否正确、账实是否相符，以便发现错漏，及时更正。对账的方法主要有：账证核对、账账核对、账实核对。

对账的内容

账证核对	对各种账簿记录与记账凭证以及所依据的原始凭证进行核对
账账核对	对各种账簿之间的相关数据进行核对
账实核对	对各种财产物资的账面余额与实存数进行核对

账证核对，是指对各种账簿记录与记账凭证以及所依据的原始凭证进行核对。主要是核对会计账簿记录与原始凭证、记账凭证的时间、凭证号、金额、内容是否一致，以及借贷方向是否相符。具体如：总账与记账凭证汇总表是否相符；记账凭证汇总表与原始凭证是否相符；明细账与记账凭证所涉及的各种票据号码是否相符；等等。

账账核对，是指对各种账簿之间的相关数据进行核对。账账核对的内容包括：总账账户的余额核对；总账与明细账核对；总账与日记账核对；会计部门的财产物资明细账与其保管和使用部门的相关明细账核对。要核对总分类账各账户的期末的借方余额和贷方余额是否相等，以检查总分类账户的登记是否正确；总分类账与所属明细分类账的借方和贷方，本期发生额及期末余额与总分类账核对是否相符，以检查各明细分类账的登记是否正确；银行存款日记账和现金日记账借方、贷方的本期发生额及期末余额与总分类账是否相符。

龙华公司结账前试算平衡表

2013年5月31日　　　　单位：元

会计科目	期初余额		本期发生额		期末余额	
	借方	贷方	借方	贷方	借方	贷方
库存现金	200				200	
银行存款	15 800		13 000	11 920	16 880	
应收账款	3 800			3 000	800	
库存商品	4 200		1 800	5 000	1 000	
固定资产	56 000		3 000		59 000	
短期借款		10 000	10 000			
应付账款		5 000		3 000		8 000
实收资本		60 000				60 000
利润分配		5 000				5 000
财务费用			120		120	
主营业务收入				10 000		10 000
主营业务成本			5 000		5 000	
合计	80 000	80 000	32 920	32 920	83 000	83 000

总分类账的核算一般是通过编制“总分类账户试算平衡表”进行核对，即通过各列示账户的期初余额、本期发生额、期末余额，看借方和贷方是否平衡。试算平衡表的依据是“有借必有贷，借贷必相等”的原则。如果试算不平衡，则说明有漏记或错的项目；如果试算平衡，则说明登记基本无误，但不能完全说明记账正确。

账实核对，是指对企业内部各种财产物资的账面余额与实存数进行核对。一般来说，账实核对主要是通过财产清查进行的。账实核对具体内容包括：现金日记账账面余额与库存现金的实际数核对；银行存款日记账账面余额与银行对账单核对；企业各种财产物资明细分类账账面余额与实存数核对；各种应收、应付款明细分类账账面余额与相关债权单位的账目核对；会计部门相关的财产物资的明细分类账结存数，其保管或使用的账面数与实存数是否相符，检查使用或保管双方的记录是否正确。

结账

企业是持续发展的，其经济业务也是在连续不断地发生着。因此，把企业的经营期间分为多个会计期间，如月份、季度、年度，在每一个会计期间结束时，对本期发生的经济业务进行结算，也就是对企业的经营成果进行总结，然后编制会计报表。

Tips

企业结账须注意，不能为了赶编报表而提前结账，或是将本期发生的经济业务延至下期登账，或是先编会计报表后结账。

结账，是指把企业一定时期内发生的全部经济业务登记入账之后，计算出各个账户的本期发生额和期末余额，表示本期账簿记录结束。

结账的主要程序和内容

企业在会计期间终了进行结账前，必须将本期所有发生的各项经济业务全部登记入账。

对于实行责权发生制的企业，需在进行账项调整账务处理的基础上，进行其他有关转账业务的账务处理，以确定本期的成本、费用、收入和利润。

结账时，应结算出现金日记账、银行存款日记账、总分类账和明细分类账各个账户的本期发生额和期末余额，然后将期末余额结转下期。

结账的大致程序

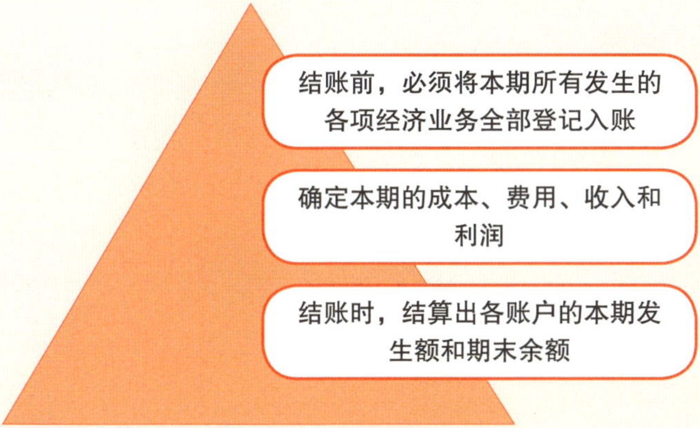

结账的方法

账簿的本期发生额和期末余额的计算和登记工作，一般按月进行，即为月结；也有按季结算的，即为季结；每个会计年度终了时，还应进行年终结账，即为年结。结算出本期发生额和期末余额之后，划线进行标记，然后将期末余额结转下期。对于现金和银行存款日记账，则应按日结账。

企业日结或月结时，应在本日或本月最后一笔经济业务下面划一条通栏单红线，然后在红线下摘要栏注明“本日合计”或“本月合计”“本月发生额及余额”字样，在借方、贷方或余额栏分别写上本日、本月合计数和月末余额，并且在借贷栏注明借、贷方向。最后，在这一行下面再划一条通栏红线，以表示与下日、下月发生额划清。

日记账结账

现金日记账和银行存款日记账应每日结出余额，日结时可以逐笔结出余额，也可以每隔几笔结算余额一次，在当天的最后一笔经济业务后结算出当天余额即可，无须另起一行。月结时，在本月最后一笔记录下面划一条通栏单红线，同时在该行结出本月发生额合计及余额，并在下一行的摘要栏内注明“本月合计”，然后在“本月合计”行下面再划一条通栏单红线。

明细账结账

明细账可根据企业的经济业务量大小，来确定结算的天数。如果企业的业务量大，可以每隔五天结算一次余额，业务量小的话则可每10天或15天结算一次余额。明细账结账时，对于本月没有发生额的账户，无须进行月结，也无须划结账红线。需要每月结出本期发生额的账户，如库存商品、生产成本、制造费用、应交税金等，编制报表时须填写本月发生额，所以都要结出本月发生额合计和余额。然后在本月合计下一行划一条通栏单红线。

对于要结算本年累计发生额的账户，须每月结出本年累计发生额，在“本月合计”字样下划一条通栏单红线后，在下一行摘要栏内注明“本年累计”字样，结出发生额及余额，并在“本年累计”行下划一条通栏单红线。

总账结账

总账的结账也是根据企业的业务量大小确定结算时间，对于业务较多的总账账户，可每隔五天结一次余额，月末结出余额后，在本月最后一笔记录下面划一条通栏单红线，表示本月记录至此为止。

季度结账，一般是在每个季度最后一个月月结的下一行，在摘要栏里注明“本季合计”或“本季度发生额及余额”字样，并结出本期借方、贷方发生额和季末余额。然后在这一行的下面划一条通栏单红线，代表本季度的结束。

年结时应在12月份月结下面，在第四季度季结的下一行，填写本年12个月的月结发生额和年末余额。如果年末没有余额，则在余额栏写上“平”或“0”符号。并在摘要栏注明“本年合计”或“本年发生额及余额”字样，同时结出借、贷方发生额及期末余额。

结算出借方和贷方余额后，将年初借方和贷方余额分别抄写在下一行的借方和贷方栏，并在摘要栏内注明“年初余额字样”。再将年末的借方、贷方余额分别填写在下一行的借、贷方栏内，在摘要栏注明“结转下年”字样。然后在这一行下面划上通栏双红线表示封账，完成了年结工作。

一般总账、日记账和多数明细账应每年更换一次。但对于一些财产物资明细账和债权债务明细账，由于其涉及的材料品种、规格和往来单位较多，重新更换账簿时比较麻烦，工作量较大，因此，对于这类账簿不必每年更换，可以跨年度使用。除此之外，各种备查簿也可以连续使用。

Tips

如果需要更换新账簿，则在新账簿的相关账户的第一行，在摘要栏内注明“上年结转”或“年初余额”字样，并将上年的年末余额，抄写在新账簿中的余额栏内。

More

我国《会计基础工作规范》规定：企业结账时，月结应划单线，年结划双线，并且是红色通栏线；不能只在本账页中的金额部分划线。结账划线是为了明确本月合计数和月末余额，说明本期会计期间结束，与下期的记录区分开来。

账簿的保管和更换

会计账簿是会计资料的主要构成部分，也是企业重要的经济档案。因此，企业必须按规定妥善保管，不得随意销毁或丢失。因为，会计账簿记录着企业的债权、债务以及其他重要的经济信息，如果丢失，将无法明确经济责任。所以，账簿的保管有着重要意义。

账簿的保管

会计账簿保管，就是要保证会计资料的安全、完整、机密，并且保证使用时能方便调阅。年度终了更换新的账簿后，应清点和整理好旧的账页，将所有活页归档保管。存档之后的会计账簿，如需查阅，应提出申请。经会计主管人员批准，在相关人员的陪同下，方可查阅。会计账簿原则上不得外借。账簿管理分为平时管理和归档保管两部分。

平时管理，要求各类账簿要明确分工。为保证账簿安全，防止账簿被涂改等问题，会计账簿不能随便交与一般人员管理，而需由专门人员管理（一般是由财务会计进行保管）。账簿的管理人员不但要负责记账、对账、

账簿的管理方法

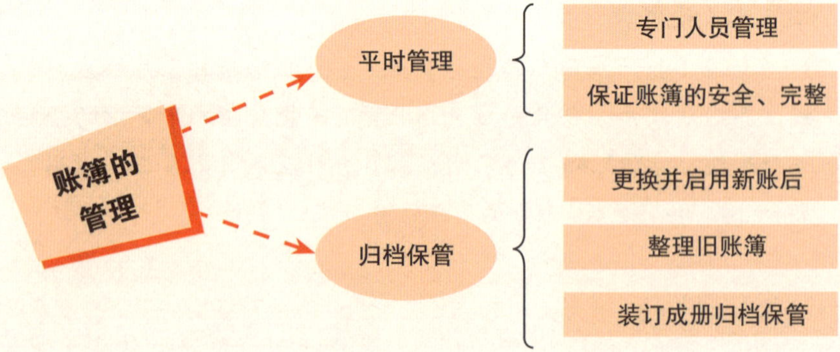

结账等工作，也要保证账簿安全、完整。非账簿经管人不可随意查阅会计账簿。若是需要，则要经企业领导或相关负责人的准许才可翻阅会计资料。会计账簿除了需要与外单位核对外，一般情况下，不能将账簿带出企业。如需要携带外出时，需由经管人员或相关负责人指定专门人员，保证账簿的安全、完整。

Tips

根据我国《会计档案管理办法》的规定，总分类账、明细分类账、辅助账、日记账均应保存15年。其中，现金、银行存款日记账要保存25年，涉外和对私改造账簿应永久保存。

归档保管，在会计年度结束，更换并启用新账后，旧的账簿要进行整理、装订成册归档保管。旧账的整理主要包括：检查和补交相应的手续，如改错、盖章、注销空行及空页、结转余额等。对于活页账簿，则需将没用过的空白账页撤出，将其余的装订成册，并注明各账页编码。

会计账簿的保存年限

账簿种类	保存年限
总账	15年
明细账	15年
日记账	15年 （其中：现金、银行存款日记账25年）
辅助账簿（备查簿）	15年
涉外和对私改造账簿	永久

More

年结更换账簿时，将账户的年末余额直接填列在新启用的有关账户中去，不需要编制记账凭证或将余额再记入本年账户的借方或贷方，使期末余额变为零。对于年末有余额的账户，只需将其如实记录和反映在相应账户中即可，这样可避免混淆有余额和没余额的账户。

第5章

经济业务的核算

本章教你：

- ▶企业筹资环节的会计核算。
- ▶产品生产环节的会计核算。
- ▶销售环节的会计核算。
- ▶如何分配企业利润？

会计核算是会计工作的核心内容，也是会计监督的过程。只有通过对企业一系列的经济活动进行记录，对从投入资金、生产、销售再变回现金的整个循环过程进行会计核算，计算出企业的利润，以及将利润分配给投资者（股东），才算完成一个会计核算过程。

会计的日常工作就是核算各种经济业务，并再次核算自己的核算结果。

集资过程中的业务核算

企业进行生产经营活动的前提是要拥有一定量的资金，资金是促使和维持企业运转的根本。资金可以通过各种筹资渠道筹集，企业筹集资金的渠道通常有两种：一种是企业投资者投入的资金；另一种是向外借入的资金。

资金的筹集

企业因接受投资而发生的业务，就是筹资业务。我国公司法规定，企业成立的首要条件是要有所有者的资本投入，这部分资产也称所有者权益。所有者投资的主体可以是国家投资、法人投资、自然人投资以及外商投资等。也就是说，投资者可以是国内投资，也可以是国外投资。按投入资本的形态不同，投资可分为有形资产和无形资产：有形资产包括货币资金、固定资产和其他物资等实物资产；无形资产包括专利权、商标权、土地使用权、非专利技术等。

除了投资者投入的部分资金，还有就是向外借入资金。向债权人借入资金也就是负债，主要是向银行或其他金融机构借入资金。在企业生产经营过程中，单纯地依靠投资者投资的资产进行运作，很难满足企业经营所需的资金量，也无法发挥杠杆效益。因此，向外借入负债可以用于企业的生产经营，以满足企业生产经营所需或扩大生产所需成本，弥补单靠投资者投入的部分资金的局限性。企业向银行或其他机构借入款项，是企业负担的债务，必须按规定办理相关手续，以及支付款项利息，并按期归还

Tips

一个企业从开始创办到顺利上市，一般会经过三轮筹资过程，有的甚至有五六次筹资过程。

本金。如延期没有偿还债务，则会影响企业的信誉，并需要支付一定的赔偿金，这就是债务所承担的风险。

需要设置的账户

筹资过程核算需要设置的基本账户有银行存款、实收资本、固定资产、无形资产、短期借款、长期借款等。

企业接受投资者投资，一方面资产增加，另一方面所有者权益增加。因此，需要设置“银行存款”“固定资产”“无形资产”等账户来反映资产的增加，设置“实收资本（股本）”来反映所有者权益的增加。

银行存款属于资产类账户，用于核算银行存款的增减变动和结存情况。资产类账户借方登记增加，贷方登记减少，余额一般在借方，是指企业的银行存款的实有数额。

银行存款账户的结构如下：

借方	贷方
本期： 银行存款增加数	本期： 银行存款减少数
期末余额	

实收资本属于所有者权益账户，用于核算企业按照章程或协议规定实际收到投资者投入的资本。所有者权益类账户与资产类账户的登记方向刚好相反，所有者权益类账户是借方登记减少额，贷方登记增加额。实收资本属所有者权益类，因此，实收资本的贷方应登记所有者投资的增加额，借方登记所有者投资的减少额。期末余额在贷方，表示期末实收资本的实有数额。企业的实收资本不能随意变动，除了经批准将企业资本公积、盈余公积转增资本外。实收资本账户还应按投资者设置明细分类账户。

实收资本账户结构如下：

借方	贷方
本期： 实收资本减少数	本期： 实收资本增加数
	期末余额

固定资产属于资产类账户，用于核算企业固定资产价值的增减变动及其结余情况。固定资产与银行存款同属资产类账户，其登记方向也一样是借方登记固定资产增加的价值，贷方登记固定资产减少的价值，期末余额在借方，表示固定资产的结余价值。

固定资产账户结构如下：

借方	贷方
本期： 固定资产增加数	本期： 固定资产减少数
期末余额	

无形资产属于资产类账户，用于核算企业无形资产变动和结余情况。无形资产的借方登记增加额，贷方登记减少额，期末余额在借方，表示企业所拥有的无形资产的价值。

无形资产账户结构如下：

借方	贷方
本期： 无形资产增加数	本期： 无形资产减少数
期末余额	

企业需要设置的账户

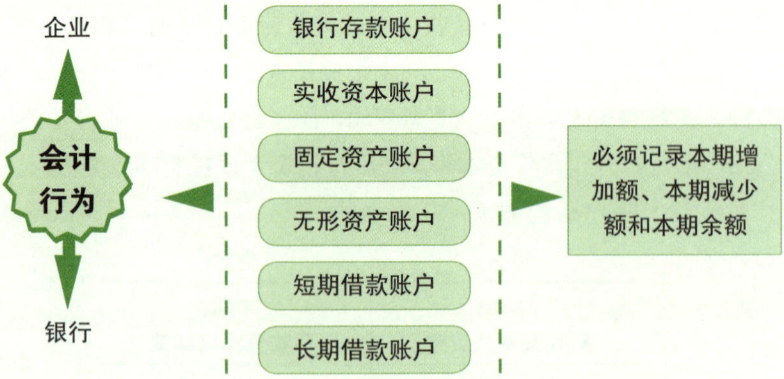

短期借款属于负债类账户，用于核算企业借入的短期借款的增减变动及结余情况；短期贷款是指偿还期限在1年以内（含1年）的各种借款。短期贷款账户，借方登记短期借款的减少数，贷方登记短期借款的增加数，期末余额在贷方，表示企业尚未归还短期借款余额数。

短期借款账户结构如下：

借方	贷方
本期： 短期借款减少数	本期： 短期借款增加数
	期末余额

长期借款属于负债类账户，用于核算企业借入的长期债务的增减变动及结余情况。长期借款是指偿还期限在1年以上的各种借款。该账户贷方登记企业长期借款的增加额，借方登记企业长期借款的减少额，期末余额在贷方，表示企业尚未归还的长期借款的余额。

长期借款账户结构如下：

借方	贷方
本期： 长期借款减少额	本期： 长期借款增加额
	期末余额

筹资过程的账务处理

企业收到投资者以现金形式投入的资本时，应以实际收到金额存入开户银行作为实收资本入账，借记“现金”“银行存款”科目，贷记“实收资本”科目。

例1：某企业接受甲投资者投入的货币资金100万元，存入银行，这笔业务编制会计分录如下：

借：银行存款　　　　　　　1 000 000
　　贷：实收资本——甲投资者　　　1 000 000

企业收到投资者以非现金资产投入的资本时，应按投资各方确认的价值作为实收资本入账，借记“固定资产”“原材料”“库存商品”等科目，贷记“实收资本”科目。

例 2：某企业接受 A 公司投入一台全新设备，价值为 5 000 元，已交付使用，该笔业务编制会计分录如下：

借：固定资产　　　　　　　　5 000

　　贷：实收资本——A 公司　　　　5 000

例 3：某企业接受 B 公司一块土地使用权用作投资资本，双方共同确认价值为 250 000 元，已交付使用，该笔业务编制会计分录如下：

借：无形资产　　　　　　　　250 000

　　贷：实收资本——B 公司　　　　25 0000

例 4：企业从银行借入期限为 3 个月的短期贷款 200 000 元，存入银行。这笔经济业务的发生，一方面使企业的资产——银行存款增加，另一方面使企业的负债——短期借款增加，编制会计分录如下：

借：银行存款　　　　　　　　200 000

　　贷：短期借款　　　　　　　　200 000

More

固定资产折旧

企业的固定资产在其使用过程中会随着使用价值不断地发生损耗，会计学上称这部分随着固定资产的磨损而逐渐转移的价值为固定资产折旧。除以下情况外，企业应对所有固定资产计提折旧：已提足折旧仍继续使用的固定资产；按照规定单独估价的资产；作为固定资产入账的土地。在计提固定资产折旧时，要考虑固定资产的使用寿命、净残值等因素。

生产过程中的业务核算

产品的生产过程是工业企业生产经营活动的主要经济业务。在生产产品的同时，需要耗费各种材料、支付职工工资，还有固定资产磨损以及其他费用，这些费用简称料工费。这些生产费用最终都要分摊到各种生产的产品上，形成产品成本。

生产过程的核算内容

工业企业生产过程中的业务核算，主要内容按照经济用途分为：直接材料、直接工资、其他直接支出、制造费用、期间费用、销售费用、管理费用和财务费用。

直接材料，是指为生产产品而耗用的各种材料。

直接工资，是指直接从事产品生产的人员的工资、奖金、津贴和补贴。

其他直接支出，是指直接从事产品生产的人员的职工福利费。

制造费用，是指车间发生的间接费用，包括：车间管理人员的工资福利费；车间发生的办公费、水电费、修理费、折旧费；车间消耗；劳动保护费等。

期间费用，是指销售费用、管理费用以及财务费用。

销售费用，是指企业在销售商品过程中发生的各项费用。如广告费等。

管理费用，是指企业为管理和组织企业生产经营活动而发生的各项费用。如企业管理人员的工资等。

财务费用，是指企业为筹集生产经营所需资金而发生的各项费用。如借款利息等。

一些可以直接确认为生产某种产品产生的费用，称为直接费用，直接计入某种产品的成本，如直接材料、直接工资等；企业为生产和提供产品、提供劳务而发生的各项间接支出，称为间接费用，按一定的分配方法，计入某种产品的成本。生产车间耗用原材料，能分清产品品种的，直接计入生产成本；生产车间的一般耗用，应计入制造费用；管理部门耗用，应计入管理费用；专项工程耗用，应计入在建工程；专设销售机构耗用，应计入销售费用。在产品的生产过程中，费用的发生、分类和分配以及产品成本的形成，都是生产过程核算的主要内容。

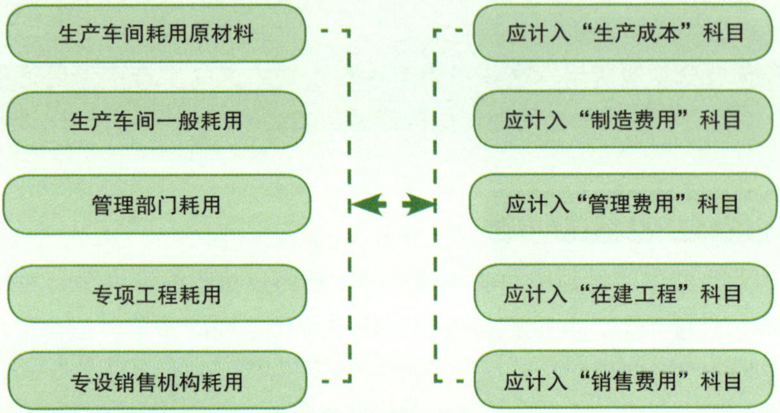

账户的设置

为了核算企业在生产过程中发生的费用情况，企业应设置生产成本、制造费用、管理费用、应付工资、库存产品以及财务费用等科目，对能够合理划分每个时期的成本费用，还应设置待摊费用、预提费用科目。

生产成本账户

生产成本账户属于成本类账户，用于核算和监督企业生产产品过程所耗费的费用以及结余情况。生产成本的借方登记制造产品所发生的直接材料费、直接人工以及间接费用；贷方登记完工并已入库的库存商品的实际成本；期末余额一般在借方，表示尚未完工的各项产品成本。

生产成本账户结构如下：

借方	贷方
生产过程中发生的产品费用即制造成本	各种产品的实际成本
期末余额	

制造费用账户

制造费用账户属于成本类账户，用于核算企业生产产品和提供劳务的过程中所发生的各种间接费用。包括：工资和福利费、折旧费、修理费、办公费、水电费以及修理期间的停工损失等。制造费用借方登记发生的间接费用，贷方登记月末分配转入“生产成本”的制造费用，月末将费用分配至各有关的成本计算对象，从其贷方转出，期末无余额。

制造费用账户结构如下：

借方	贷方
间接费用发生额	月末分配转入 “生产成本”的制造费用

管理费用账户

管理费用账户属于损益类账户，用于核算企业为管理其生产经营所发生的各项管理费用。管理费用借方登记各项管理费用的发生额，包括管理部门在经营管理中所发生的各种经费，如工会经费、待业保险费、董事会费、诉讼费、业务招待费、印花税、房产税、土地使用税、存货盘亏或盘盈、计提的坏账准备等科目；月末余额全部从贷方转入“本年利润”账户。期末无余额。

管理费用账户结构如下：

借方	贷方
管理费用的发生额	期末转入本年利润 的管理费用

应付工资账户

应付工资账户属于负债类账户，用于核算企业应支付给职工的工资总额。包括各种计时、计件工资，以及加班工资、奖金、工资性津贴等。应付工资借方登记实际支付的工资数额，贷方登记实际发生的应分配工资数，月末一般无余额。如有余额，则表示实际支付和应分配工资计算有出入，或是有应付而未支付的工资结余。

应付工资账户结构如下：

借方	贷方
实付工资额	应付工资额

库存产品账户

库存产品账户属于资产类账户，用于核算企业各种库存产品的增减变动及结存情况。库存产品借方登记已经完工验收入库产品的实际成本；贷方登记减少的产品的实际成本，期末余额在借方，表示库存产品的实际成本。库存产品需按其种类和规格等分类设置明细账。

Tips

企业支付的职工退休费、困难补助、在建工程人员的工资等，不在应付工资科目核算。企业支付的职工退休费和困难补助，应记入“管理费用”科目；企业支付的在建工程人员的工资，应记入“在建工程”科目。

库存产品账户结构如下：

借方	贷方
已经验收入库产品的成本	减少的库存产品的成本
期末余额：库存产品的实际成本	

待摊费用账户

待摊费用账户属于资产类账户，用于核算企业已经支出，由本期和以后各期分摊，并且期限在1年以内（含1年）的各项费用。如低值易耗品摊销、固定资产修理费等。待摊费用根据企业的业务需要而设置。借方登记待摊费用的发生额；贷方登记待摊费用的摊销数；期末余额在借方，表示已经支出但尚未摊销的费用数。

待摊费用账户结构如下：

借方	贷方
待摊费用的发生额	待摊费用的摊销数
期末余额：已经支出但尚未摊销的费用数	

预提费用账户

预提费用账户属于负债类账户，用于核算企业预先提取应由本期负担但尚未实际支出的各项费用，如预提的租金、保险费、借款利息、固定资产修理费用。借方登记实际支出数；贷方登记预先计提应由本期负担的各项费用；余额若在贷方，表示已经预提但尚未实际支出的费用；余额若在借方，反映实际支出的费用大于预提数的差额，即尚未摊销的费用。

预提费用账户结构如下：

借方	贷方
预提费用的支出数	预先计提应由本期负担的费用
余额：尚未摊销的费用	余额：已经预提但尚未实际支出的费用

账户处理案例

例1：企业从仓库发出原材料一批，金额为8 000元，其中A产品耗用7 000元，生产车间一般消耗1 000元。

分析：这笔经济业务的发生，使企业A产品的材料费用增加了7 000元、制造费用增加了1 000元，应分别记入生产成本、制造费用的借方；同时，企业的原材料减少了8 000元，应贷记“原材料”科目。分录如下：

借：生产成本——A产品　　7 000
　　　　　　制造费用　　1 000
　贷：原材料——原材料　　　8 000

例2：企业用银行存款支付本月生产车间的办公费、水电费5 000元。

分析：生产车间的费用增加，应记入制造费用科目，该笔经济业务的会计分录如下：

借：制造费用　　　　　　　5 000

　　贷：银行存款　　　　　　　5 000

例 3：企业月末应付给职工的工资总额为 200 000 元，其中生产工人的工资 80 000 元，车间管理人员的工资 60 000 元，行政部门人员的工资 60 000 元。

分析：这笔经济业务使企业的产品成本和期间费用共增加了 200 000 元，应分别记入“生产成本”“制造费用”和“管理费用”科目的借方，同时，企业对职工的负债也增加了 200 000 元，应记入“应付工资”科目的贷方。分录如下：

借：生产成本　　　　　　　80 000

　　制造费用　　　　　　　60 000

　　管理费用　　　　　　　60 000

　　贷：应付工资　　　　　　　200 000

例 4：企业开出转账支票，从银行提取现金 200 000 元，以备发工资。

分析：这笔经济业务使企业的库存现金增加了 200 000 元，应借记“现金”科目；同时，企业的银行存款减少了 200 000 元，应贷记“银行存款”科目。分录如下：

借：现金　　　　　　　　　200 000

　　贷：银行存款　　　　　　　200 000

例 5：企业用现金 200 000 元，给职工发放工资。

分析：这笔经济业务发生使企业对职工的负债减少了 200 000 元，应借记“应付工资”科目；同时，企业的现金也减少了 200 000 元，应贷记“现金”科目。分录如下：

借：应付工资　　　　　　　200 000

　　贷：现金　　　　　　　　　200 000

例 6：月末，企业生产的 1 000 件甲产品全部完工验收入库，计算并结转其实际生产成本 50 000 元。

借：库存产品——甲产品　　　　　50 000

　　贷：生产成本——甲产品　　　　　50 000

销售过程中的业务核算

在工业企业的运营过程中，销售环节是生产经营活动的第三阶段，也是最后实现产品价值的阶段。企业通过销售产品，按一定的价格卖出和收取产品价款，最终形成销售收入，并结转产品销售成本。在销售产品的过程中会发生各种费用，如物流费、产品包装费、广告费等；除此之外，还须按照国家税法的规定计算和缴纳各种税费，最后确定企业的营业利润或亏损。

商品销售过程核算的账户设置

为了核算企业商品销售过程所发生的经济业务，需要设置主营业务收入、主营业务成本、应收账款、预收账款、应收票据、其他业务收入、其他业务成本、销售费用、主营业务税金及附加等会计科目。

主营业务收入账户

主营业务收入账户属于损益类账户，用于核算企业在销售商品或提供劳务等主要经营活动时所产生的收入。主营业务收入的贷方登记收入的增加数，借方登记期末转入“本年利润”的数额，结转后期末无余额。

主营业务收入账户结构如下：

借方	贷方
期末转入“本年利润”数额	收入的增加数额

主营业务成本账户

主营业务成本账户属于损益类账户，用于核算企业在销售商品或提供劳务等主要经营活动中所发生的实际成本。主营业务成本的借方登记结转已销售商品的实际成本，贷方登记期末转入“本年利润”的数额，期末无余额。

主营业务成本账户结构如下：

借方	贷方
结转已销售商品的实际成本	期末转入“本年利润”数额

应收账款账户

应收账款账户属于资产类账户，用于核算企业因销售商品向购买企业收取的款项。应收账款借方登记应收款项的增加数，贷方登记应收款项减少和已确认坏账的应收款项；期末余额在借方，表示尚未收回的款项。

应收账款账户结构如下：

借方	贷方
应收款项增加数	应收款项减少和坏账
期末余额	

预收账款账户

预收账款账户属于负债类账户，用于核算企业按照合同规定，预先向购货单位收取的款项。预收账款的借方登记销售和退回多收的款项，贷方登记预收款项和补付的款项，期末余额在贷方，表示向购货单位预收的款项。

预收账款账户结构为：

借方	贷方
销售和退回多收款项	预收和补付的款项
	期末余额

应收票据账户

应收票据账户属于资产类账户，用来核算企业销售商品而收到的购买单位开出并承兑汇票或银行承兑汇票的增减变动及其结余情况的账户。借方登记企业收到购买单位开出并承兑的商业汇票，表明企业票据应收款的增加；贷方登记票据到期收回购买单位全款，表明企业票据应收款的减少。期末账户如有余额在借方，表示尚未收回票据应收款。

应收票据账户结构为：

借方	贷方
本期收到商业汇票的增加	到期票据应收款的减少
期末余额：尚未收回的票据应收款	

其他业务收入账户

其他业务收入账户属于损益类账户，用于核算企业主营业务以外的其他业务所取得的收入，如材料销售、技术转让、固定资产和包装物出租等。其他业务贷方登记企业其他业务收入的增加，借方登记期末转入本年利润的数额，期末没有余额。

Tips

企业的预收货款，按照权责发生制原则的要求，不能作为本期的收入，因为产品并未对外销售，应在对外销售产品后，确认为收入。

其他业务收入账户结构如下：

借方	贷方
期末转入本年利润数额	其他业务收入增加

其他业务成本账户

其他业务成本账户属于损益类账户，用来核算企业其他业务所发生的各种费用支出，包括其他业务成本费用以及税金等。其他业务成本的借方登记相关的各种支出，贷方登记期末转入本年利润的数额，期末没有余额。

其他业务成本账户结构如下：

借方	贷方
其他业务成本的支出	期末转入本年利润数额

销售费用账户

销售费用账户属于损益类账户，用于核算企业在销售商品过程中发生的各种费用，如物流费、装卸费、保险费、广告费等。销售费用账户的借方登记发生的各种销售费用，贷方登记期末转入本年利润的数额，期末没有余额。

销售费用账户结构如下：

借方	贷方
发生的各种销售费用	期末转入本年利润数额

主营业务税金及附加账户

主营业务税金及附加账户属于损益类账户，用于核算企业从事生产经营活动所需负担的税金及附加费，如营业税、消费税、城市维护建设税、教育费附加等。主营业务税金及附加借方登记应负担的各种税金及附加费，贷方登记期末转入“本年利润”的数额，期末无余额。

主营业务税金及附加账户结构如下：

借方	贷方
企业应负担的各种税金及附加费	期末转入“本年利润”数额

销售过程的账户处理案例

例1： 甲公司销售给乙公司一批产品，总价款为150 000元，增值税额为25 500元，共计货款175 500元，产品已经发出，款项已经收到，并存入银行。

分析：这项经济业务的发生，一方面企业银行存款增加175 500元，应记入银行存款账户的借方；另一方面，企业因产品销售增加收入150 000元，应记入主营业务收入账户的贷方，同时，应向购货方收取的增值税25 500元应记入应交税金——应交增值税账户的贷方。会计分录为：

借：银行存款　　175 500

　贷：主营业务收入　　150 000

　　应交税金——应交增值税（销项税额）　　25 500

例2： 甲公司预收丙公司货款100 000元。

分析：该笔经济业务使甲公司银行存款增加100 000元，应记入银行存款借方，同时预收账款也增加了100 000元，应记入预收账款的贷方。会计分录如下：

借：银行存款　　100 000

　贷：预收账款　　100 000

例3： 甲公司销售一批不用的材料，价款为5 000元，增值税额为850元，共计货款5 850元，款项已经收到。

该笔经济业务的会计分录如下：

借：银行存款　　5 850

　贷：其他业务收入　　5 000

　　应交税费——应交增值税（销项税额）　　850

例 4：以银行存款支付销售产品的广告费 20 000 元。

该笔经济业务的会计分录如下：

借：销售费用　　20 000

　贷：银行存款　　20 000

例 5：月末，甲公司结转本月已销产品销售成本。A 产品 800 件的销售成本为 80 000 元，B 产品 500 件的销售成本为 40 000 元。

会计分录如下：

借：主营业务成本——A 产品　　80 000

　　　　　　　——B 产品　　40 000

　贷：库存商品——A 产品　　80 000

　　　　　　——B 产品　　40 000

例 6：月末甲公司结转已销售材料的成本 1 000 元。

该笔经济业务的会计分录如下：

借：其他业务成本　　1 000

　贷：原材料　　1 000

例 7：月末，甲公司计算应交城市维护建设税 2 500 元。

该笔经济业务的会计分录如下：

借：营业税金及附加　　2 500

　贷：应交税费——应交城市维护建设税　　2 500

Tips

城市维护建设税和教育费附加的计算公式：

应交城市维护建设税 =(应交增值税 + 应交消费税 + 应交营业税)×7%

应交教育费附加 =(应交增值税 + 应交消费税 + 应交营业税)×3%

利润的分配核算

企业在一定时期经营活动中实现的利润总额，扣除所得税以后就是企业的净利润。企业当年实现的净利润加上年初未分配利润（或减去年初未弥补亏损）即为可供分配的利润。企业可供分配的利润减去提取法定盈余公积、法定公益金之后，剩下的便是可供投资者分配的利润。

利润分配的程序

利润分配的程序，根据《中华人民共和国公司法》等有关法规的规定，企业当年实现的净利润，一般应按照下列程序进行分配：计算可供分配的利润、提取法定盈余公积、提取任意盈余公积、向投资者分配利润（股利）。

计算可供分配的利润

本年净利润（或亏损）与年初未分配利润（或亏损）相加，得出可供分配的利润。如果可供分配的利润为负数（即亏损），则不能进行后续分配；如果可供分配利润为正数（即盈利），才能进行后续分配。

Tips

盈余公积是企业从历年实现的利润中提取的留存于企业的内部积累，包括法定盈余公积、任意盈余公积和法定公益金。

提取法定盈余公积

企业在实现盈利的前提下，需按净利润 10% 的比例提取法定盈余公积。当企业法定盈余公积累计达到注册资本的 50% 时，可无须再提取。提取的法定盈余公积，一般用于弥补企业以前年度亏损或转增企业资本。但转增资本金后，留存的法定盈余公积不得低于注册资本的25%。

提取任意盈余公积

提取任意盈余公积，可根据企业需要决定提取的比例。任意盈余公积经股东大会同意后，也可用于分配。

向投资者分配利润（股利）

企业以前年度未分配的利润可以记入本年度分配。企业股东会或董事会，如有违反国家规定的利润分配顺序，在抵补亏损和提取法定公益金之前向股东分配利润的，必须将违反规定发放的利润退还给公司。

利润分配的程序

第一步，计算可供分配的利润	本年净利润（或亏损）与年初未分配利润（或亏损）相加
第二步，提取法定盈余公积	按净利润10%的比例提取法定盈余公积
第三步，提取任意盈余公积	可根据企业需要决定提取的比例
第四步，向投资者分配利润（股利）	企业以前年度未分配的利润，可以记入本年度分配

未分配利润

企业的净利润经过弥补以前年度亏损、提取法定盈余公积、提取任意盈余公积和向投资者分配利润等利润分配之后，所剩余的利润便是企业的未分配利润，它是企业留存以后年度进行分配的历年结存的利润。相对其他所有者权益的项目，企业对于未分配利润的使用有较大的自主权。

利润分配核算需设置的账户

利润分配账户

利润分配账户属于所有者权益账户，是用来核算和监督企业利润的分配（或亏损的弥补）和历年分配（或弥补）后的余额。利润分配的借方登记企业分配给投资者的利润、亏损或弥补亏损等情况；贷方登记企业当期实现的净利润。期末余额在借方，表示企业累计的未弥补亏损；期末余额在贷方，表示企业累计的未分配利润。

利润分配的账户结构为：

借方	贷方
年初余额：年初未弥补亏损 本期减少额： 本年度已分配利润，包括已提取法定盈余公积、已提取法定公益金、已向股东分派股利	年初余额：年初未分配利润 本期增加额： 年末转入的本年实现的净利润
年末余额： 累计的未弥补亏损	年末余额： 累计的未分配利润

盈余公积账户

盈余公积账户属于所有者权益账户，用于核算和监督企业从净利润中提取的盈余公积的增减变动情况。盈余公积账户的借方登记盈余公积的减少数，贷方登记盈余公积的提取数。期末余额在贷方，反映企业提取的盈余公积的余额。

盈余公积账户的结构为：

借方	贷方
本期减少额： 转增资本金、弥补亏损等	本期增加额： 从净利润中提取的法定盈余公积、法定公益金等

续表

借方	贷方
	期末余额： 反映企业盈余公积余额

应付股利账户

应付股利账户属于负债类账户，用于核算和监督企业经董事会或股东大会确定应分配的现金股利或利润。应付股利账户的借方，登记企业实际用于支付的现金股利或利润；贷方登记企业应付的现金股利或利润。期末余额在贷方，表示企业尚未支付的现金股利或利润。

应付股利账户结构为：

借方	贷方
本期减少额： 实际支付的现金股利或利润	本期增加额： 企业通过利润分配方案 应付的现金股利或利润
	期末余额：企业尚未支付的现金 股利或利润

利润核算总表

项目	会计核算
从净利润中提取盈余公积	借：利润分配——提取法定盈余公积 ——提取任意盈余公积 贷：盈余公积——法定盈余公积 ——任意盈余公积

续表

项目	会计核算
分配现金股利	借：利润分配——应付现金股利 　　贷：应付股利
转增资本	借：利润分配——转作股本的股利 　　贷：股本
年度结转	借：本年利润 　　贷：利润分配——未分配利润

利润分配的账户处理

例 1： 甲企业 2013 年实现的净利润为 80 000 元，年初本年利润的贷方余额为 20 000 元，即本年实现的净利润为 100 000 元（年初数 20 000 元 + 本期发生额 80 000 元），企业按规定从净利润中提取 10% 的法定盈余公积。

Tips

如年度利润为净亏损，年度总结的会计分录的登记方向则相反，即借记“利润分配——未分配利润”，贷记“本年利润”。

本年度应提取法定盈余公积 = 100 000 × 10% = 10 000（元）

会计分录如下：

借：利润分配——提取法定盈余公积　　10 000

　　贷：盈余公积——法定盈余公积　　10 000

例 2： 甲企业经董事会协商决定，向投资者分配现金股利 20 000 元。编制会计分录如下：

借：利润分配——应付现金股利　　20 000

　　贷：应付股利　　20 000

例 3： 年末，结转全年实现的净利润。将本年度实现的净利润 100 000 元，从“本年利润”账户转入“利润分配——未分配利润”账户。编制会计分录如下：

借：本年利润　　　　　　　　　　　　100 000

　　贷：利润分配——未分配利润　　　　　　100 000

例 4： 年末，结转全年已分配利润，即将“利润分配”账户其他明细账户余额 21 000 元，转入“利润分配——未分配利润”明细账户的借方。编制会计分录如下：

借：利润分配——未分配利润　　　　　21 000

　　贷：利润分配——提取法定盈余公积　　　1 000

　　　　　　　　——应付普通股股利　　　20 000

企业的利润分配原则有四个，即规范性原则、公平性原则、效率性原则、比例性原则。在企业分配利润的时候，要预先设置好分配的规则，也即所有的利润分配是在利润没有生产出来的时候就已经确定好的；承担相同工作的人员占有相同的利润，每个股份所能获得的利润或者每一元资本的报酬是相等的；同一岗位的员工为公司创造的利润越大，公司能获得的利润越多；企业的所有利润都占总利润的一部分，而最终加起来是100%。

Tips

本年利润为净亏损的账户处理：

如果企业本年度发生了净亏损，那么年末应结转全年发生的净亏损，即将本年度全年发生的净亏损从“本年利润”账户转入“利润分配”账户。

More

不均衡分配

假如某个森林里有 100 只猴子，每天采摘 1 000 个桃子，平均分配就是每只猴子 10 个。然而，整个森林都是猴王的，所以，他每天分配100个，而他的两个保镖兼管理者每天需要10个，而且还有20只小猴子、10只老猴子需要特殊照顾。所以最终算下来，除去特殊群体，那么每只猴子能分到7个桃子。而森林里还有别的动物，如果下雪就没有桃子可摘，所以猴群每天还需要留下60个桃子。

在企业利润分配中，100个桃子代表老板（猴王）的所有权，20个代表管理者（保镖）的贡献，老猴子代表的是企业的离退休员工，20只小猴子代表的是企业对人才、新技术的分配，每天的60个桃子就是未分配利润。

第6章

财务会计报告

会计报表就是企业的一张“脸”，企业的财务状况、经营成果等各种会计信息都可以从这张“脸”上反映出来。因此，老板可以通过分析企业的财务会计报表找出企业经营中的问题所在，采取有效措施。投资者可通过分析财务报表，了解企业过去的经营情况，以判断企业未来的经营发展能力等。

本章教你：

- ▶会计报表主要有哪些?
- ▶财务会计报表会透露企业哪些信息?
- ▶如何分析资产负债表?
- ▶从利润表看企业的经营能力。
- ▶现金流量表的作用。

会计报表的种类和意义

会计报表就像企业的一张脸，企业的经营成果和财务状况以及其他经济信息都可以从会计报表中反映出来，它是企业向外传递会计信息的主要手段。会计报表是根据日常经营中所发生的经济业务，通过会计核算资料定期编制而成的，是能够全面反映企业某一时期的财务状况、经营成果和现金流量的总体情况的书面文件，是企业财务报告的主要部分。

会计报表的意义和分类

企业在生产经营期间，需要定期编制财务会计报表，向会计报表使用者提供企业财务信息，作为决策依据。报表使用者包括投资者、债权人、税务机构以及其他行政机构、企业老板、职工和社会公众等。

会计报表按其反映经济内容的不同分为财务状况报表（包括资产负债表、现金流量表）、经营成果报表（包括利润表、产品生产成本表、营业费用明细表、管理费用明细表、财务费用明细表）等。

按我国有关法规规定，企业须向外提供的会计报表包括资产负债表、利润表、现金流量表、资产减值准备明细表、利润分配表、股东权益增减变动表、分部报表以及其他有关附表。其中资产负债表、利润表、现金流量表被列为财务三大报表。

资产负债表

资产负债表是反映企业在某一会计期间的财务状况的报表。由于它反映的是某一段时间内的情况，因此，也叫静态报表。资产负债表的内容包括资产、负债、所有者权益三个方面，它是以“资产 = 负债 + 所有者权益”这一会计等式为计算依据的。资产负债表所提供的信息是企业某一时期的资产结构，如企业有多少负债、多少自有资产、多少流动资产、多少固定资产等会计信息。

资产，包括流动资产和非流动资产两大类。负债，包括流动负债和非流动负债。所有者权益，包括实收资本、资本公积、盈余公积和未分配利润项目。

资产负债表的主要构成

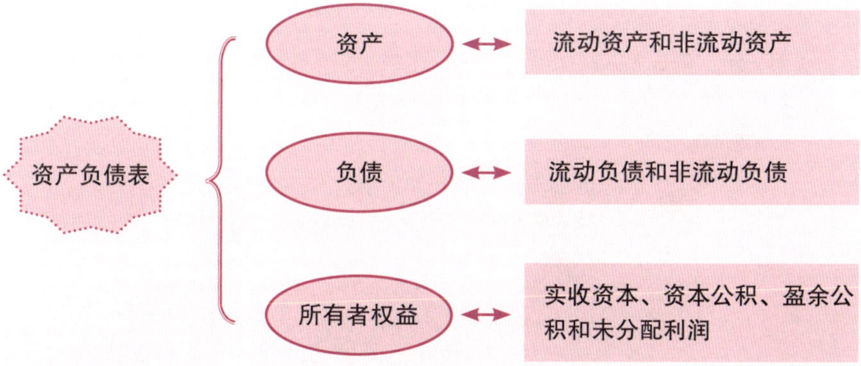

利润表

利润表是指反映企业在一定会计期间的经营成果的报表。对企业一定期间的营业收入与营业费用进行计算，得出企业当期的净利润或净亏损。利润表中的收入、费用等情况反映了企业生产经营的收益和成本支出情况，反映企业生产经营成果。通过对企业不同时期的利润表进行分析，可以预测企业未来的利润获取能力和发展能力。利润表是会计报表中最主要的报表之一，它不但是企业经营业绩的体现，也是企业进行利润分配的主要依据。

我国企业的利润表统一采用多步式格式，编制步骤和内容如下：

第一步，计算营业利润以营业收入减去期间费用，如营业成本、营业税金及附加、销售费用、管理费用、财务费用、资产减值损失等，再加上公允价值变动收益或减去公允价值变动损失、投资收益或减去投资损失，最后计算出营业利润。

第二步，计算利润总额以营业利润为基础，加上营业外收入，减去营业外支出，计算出利润总额。

第三步，计算净利润以利润总额为基础，减去所得税费用，计算出净利润或净亏损。

利润表的编制步骤

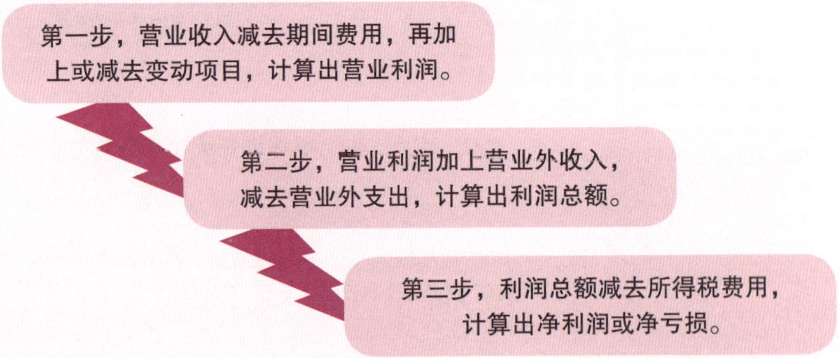

现金流量表

现金流量表是反映企业在一定会计期间，现金和现金等价物流入和流出的报表。我国企业现金流量表采用报告式结构，分类反映经营活动产生的现金流量、投资活动产生的现金流量和筹资活动产生的现金流量，最后汇总反映企业某一期间现金及现金等价物的净增加额。

经营活动产生的现金流量，是指企业投资活动和筹资活动以外的所有交易和事项。经营活动产生的现金流量主要包括销售商品或提供劳务、购买商品、接受劳务、支付工资和交纳税款等流入和流出的现金和现金等价物。

投资活动产生的现金流量，是指企业长期资产的购建和不包括在现金等价物范围内的投资及其处置活动。投资活动产生的现金流量主要包括购建固定资产、处置子公司及其他营业单位等流入和流出的现金和现金等价物。

筹资活动产生的现金流量，是指导致企业资本及债务规模和构成发生变化的活动。筹资活动产生的现金流量主要包括吸收投资、发行股票、分配利润、发行债券、偿还债务等流入和流出的现金和现金等价物。偿付应付账款、应付票据等商业应付款属于经营活动，不属于筹资活动。

财务会计报表的编制要求

财务报表按服务对象不同，又分为内部报表和对外报表。内部报表是根据企业内部经营管理的需要而编制的、仅供企业内部使用的财务报表，如成本费用报表等。内部报表没有统一的格式和要求，企业可自行编制。

对外报表是需要定期编制，并向上级主管部门、投资者、财税部门等报送或按规定向外公布的财务报表。对外报表是一种规范的财务报表，有统一的报表格式要求、指标和编制时间等。对外报表主要有资产负债表、利润表和现金流量表等。

会计报表按编制的时间不同，可分为月报、季报、半年报、年报四种。凡是有规定需要向外公布的报表，企业必须严格按有关规定的要求如期公布企业财务报表。具体时间如下：

财务会计报表报送时间

报表类型	公布时间
月度会计报表	月度终了后6天内对外提供
季度会计报表	季度终了后15天内对外提供
半年度会计报表	半年度结束后60天内对外提供
年度会计报表	年度终了后4个月内对外提供

会计报表按其所提供会计信息的重要性，可以分为主表和附表。主表就是主要的财务报表，它所提供的会计信息能较完整、全面地反映企业的信息，可以满足不同的报表使用者的要求。主表主要有资产负债表、利润表和现金流量表三张，也称三大财务报表。

附表是对其所属的主表的进一步补充，对于主表中不能详细反映的一些重要信息，通过附表补充说明。主表与有关附表是互相联系的，主表反映企业的主要财务状况、经营成果和现金流量，附表则对主表进一步补充说明。利润表的附表有利润分配表和分部报表，资产负债表的附表有应交增值税明细表和资产减值准备明细表。

财务会计报表的编制要求

在编制财务报表时，需要按照以下要求进行编制，即：数字真实、内容完整、具可理解性、报送及时、手续完备等。

• 数字真实，是指财务报表中填列的各项数据必须真实可靠，如实地反映企业的经营成果、财务状况和现金流量等信息。

• 内容完整，是指财务报表应全面地反映企业经济活动情况，会计报表为满足不同报表使用者的信息需求，须全面反映企业的财务状况和经营成果。对于国家要求提供和报送的财务报表以及要求披露的信息，企业必须全部编制、报送和披露。

• 具可理解性，是指财务会计报表提供的信息可以为使用者所理解。单位对外提供的财务会计报表是为广大会计报表使用者提供单位过去、现在和将来的有关资料，为单位目前或潜在的投资者和债权人提供决策所需要的会计信息，因此，编制的财务会计报表应当清晰明了，便于理解和使用。

• 报送及时，是指财务报表的编制和报送必须及时，财务信息只有及时传递给信息使用者，才能为使用者的决策提供依据。如果编制和报送不及时，其信息对信息使用者而言，就失去了使用价值。

• 手续完备，是指企业对外提供的财务报表应加具封面，装订成册，加盖公章。财务报表封面上应当注明：企业名称、企业统一代码、组织形式、地址、报表所属年度或者月份、报出日期，并由企业负责人和主管会计工作的负责人、会计机构负责人签名并盖章。

财务报表的编制要求

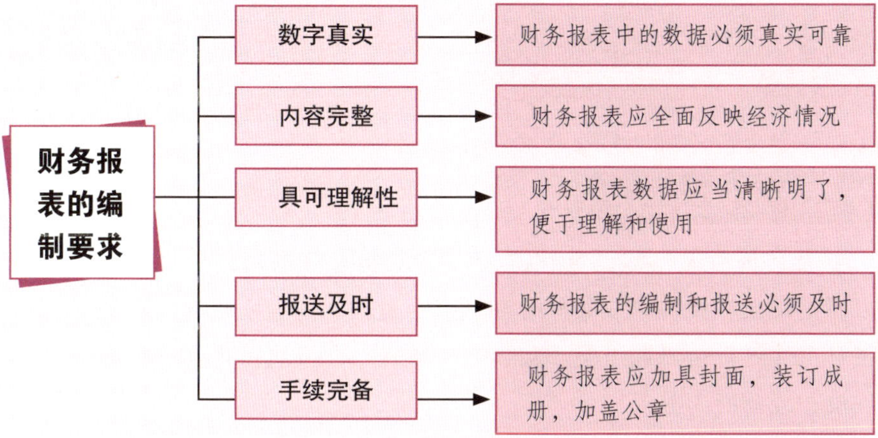

More

财务情况说明书

财务情况说明书也是会计报告的重要组成部分，是对企业一定会计期间的经营情况、资金运转情况、利润实现和分配等情况，以书面文字的形式加以综合说明；反映和提供企业生产经营、财务活动情况，分析总结经营业绩和存在的不足，是使报表使用者了解企业生产经营情况的重要资料。

资产负债表及其分析

资产负债表是由资产、负债及所有者权益三个部分组成。一般资产项目列在表的左方，反映企业各项财产物资、权益和债务等内容。负债及所有者权益列于表的右方：负债是反映企业的各种长期和短期债务；所有者权益是反映企业股东权益和资本累计。

资产负债表概述

资产负债表也称财务状况表，是主要财务报表之一。资产负债表主要是记录和反映企业某一时期资产、负债、所有者权益情况的静态报表。企业老板可以通过资产负债表了解自己企业资产的构成情况、经营规模和经营能力等。

资产负债表需要按月编制，并对外报送。一个会计年度终了时，需要编制年度资产负债表。为了方便报表使用者了解企业一个时期内资产、负债和所有者权益的变动情况，年度资产负债表的各个项目都设置了年初数栏和年末数栏，报表阅读者可以对报表中各项目的增减变动情况一目了然。

资产负债表的构成

从表格结构上看，资产负债表由表头、正表以及表尾三个部分构成。

表头一般是由报表名称、单位名称、制表日期、货币名称和计量单位等组成。

正表是资产负债表的主体，分别列示了反映企业财务情况的各个项目。

表尾是企业财务人员、主管会计以及负责人的签章。

从内容上说，资产负债表由资产、负债、所有者权益三大部分组成。其计算依据以“资产＝负债＋所有者权益”这一会计等式为基础理论。

资产是指企业拥有或有控制的资源，是预期会给企业带来经济利益的资源。资产按其流动性的不同，可分为流动资产和非流动资产。流动资产主要包括现金、银行存款、应收账款、交易性金融资产、存货等项目。非流动资产包括固定资产、无形资产、持有到期投资、长期股权投资、可供出售金融资产和长期待摊费用等项目。

负债是指企业过去交易、事项形成的现时义务，履行该义务会使经济利润流出企业。负债按偿还期限的不同，可分为流动负债和长期负债。流动负债是指还债期限在一年以内的债务，主要包括短期借款、应付账款、应付利息、应付职工薪酬、应缴税费和其他应付款等。非流动负债是指偿还期限在一年以上的债务，主要包括长期借款、应付债券、长期应付款等。

所有者权益也称股东权益，是指企业资产扣除负债之后的剩余，也是企业的净资产，为企业股东所拥有，反映了股东在企业资产中享有的经济利益。所有者权益主要由实收资本、资本公积、盈余公积和未分配利润等项目组成。

流动资产

流动资产，是指企业可以在一年或者越过一年的一个营业周期内转换为现金进行运用的资产。包括：现金，即企业的库存现金和银行存款；约当现金，即持有人可以将其兑换成现金的有价证券；应收账款，指公司销售商品给其他企业尚未收取的货款；应收票据，即企业持有的并且一年以内客户可以兑现现金的支票；应收账款，即企业为了销货，而允许客户赊账，企业能够在一年内收现的款项，以及存货和其他流动资产等。

非流动资产

固定资产是指企业房屋、建筑物、机器、机械、运输工具以及其他与生产有关的设备等有形的资产。

长期投资是指企业在一年或一年以上的经营周期之内能够转变为现金的投资。

短期投资是指企业购入能够随时变现、持有时间不超过一年的有价证券和其他投资，包括各种股票、债券、基金等。

无形资产包括专利权、商标权、金融资产和长期股权投资等。

流动负债

流动负债也叫短期负债，是指将在一年以内偿还的债务，包括短期借款、应付账款、预提费用、应付票据、应付工资，以及预收账款、应付股利等。

短期借款是指企业向银行或其他金融机构等借入的、偿还期限在一年以内的各种借款。

应付账款是指企业买进原料或者商品，而向卖方赊账、一年内归还的账款。

应付票据是指企业购买原料或者商品而开的一年内可以兑现的票据。

应付工资是企业需要支付给员工的薪酬和福利等。

资产负债表的分析

衡量企业财务状况好坏，首要就是看企业偿债的能力。企业财务状况良好，其偿还债务的能力也强；反之，财务状况不好，债务的偿还保障度也低。从企业偿还短期债务的能力可以看出企业是否正常运转，以及未来的发展能力和赚钱能力，这是吸引投资者的重要依据。通过资产负债表可以分析流动比率、资产负债率等财务指标。

Tips

流动比率的计算公式为：流动资产率 = 流动资产 ÷ 流动负债 ×100%

流动比率是指流动资产与流动负债的比率，是反映企业某一时期的资金流动情况。通过计算企业流动比率，可以分析企业的流动资产偿还短期债务的能力。流动比率是评价企业财务状况的首选比率。该比率一般维持在200%为宜，流动比率越高，说明企业的偿还短期债务的能力较有保障。但也并非越高越好，流动比率过高，说明企业的短期资金利用率不高，没有充分发挥资金的利用效益。而流动比率越低，表示企业的财务状况不佳，偿还债务的能力较弱，流动比率过低，可能面临破产的危机。

资产负债表

制表单位：北京星星玩具制造厂　　　　2012年12月31日

资产	2012年年初/元	2012年年末/元	增减金额/元	增减幅度/%
流动资产：				
货币资金	80 010.84	58 541.68	21 469.16	36.67
结算备付金	157.38	322.87	−165.49	−51.26
拆出资金	8 159.99	7 673.38	486.61	6.34
交易性金融资产	5 080.27	4 902.99	177.28	3.62
应收票据	2 035.35	2 248.51	−213.16	−9.48
应收账款	29 200.98	29 648.39	−447.41	−1.51
预付款项	3 824.67	3 586.41	238.26	6.64
应收保费	132.57	130.53	2.04	1.56
流动资产合计	320 885.79	282 865.30	38 020.49	13.44
资产总计	487 005.21	423 253.44	63 751.77	15.06
流动负债：				
短期借款	13 574.00	11 091.21	2 482.79	22.39
应付利息	1 935.00	1 419.78	515.22	36.29
其他应付款	4 742.27	4 760.73	−18.46	−0.39
一年内到期的非流动负债	2 662.27	2 096.75	565.52	26.97
其他流动负债	3 539.06	2 887.18	651.88	22.58
流动负债合计	370 062.81	318 632.97	51 429.84	16.14

小故事

流动比率的计算

某公司 2010 年年末的流动资产是 450 万元，流动负债是 150 万元，计算该公司的流动比率为：

（流动资产 450 万元 ÷ 流动负债 150 万元）×100%=300%

表示该公司的偿还能力较好

资产负债率分析

资产负债率，是指企业负债总额与资产总额之间的比例，它反映企业的总资产中有多少是通过外借来的。一般来说，企业资产负债率越高，说明其资产结构越不稳固，大部分是通过外借或筹资回来的，这部分资产是企业的债务，需要定期偿还本金和利息。企业的资产负债率越低，说明企业债务风险越小，大部分是企业自有资产，这部分资产不会形成企业债务负担，而债权人回收本金和利息的保障度就越高。但资产负债率也并非越低越好，过低则说明企业不善于利用负债来经营，资产负债率比率一般维持在 60% 左右较为合理。

Tips

资产负债率的计算公式为：（负债总额 ÷ 资产总额）x100% = 资产负债率

资产负债表

编制单位：北京星星玩具制造厂　　　　2012年12月31日

资产	2012年年初/元	2012年年末/元	增减金额/元	增减幅度/%
流动资产：				
货币资金	80 010.84	58 541.68	21 469.16	36.67
结算备付金	157.38	322.87	−165.49	−51.26
拆出资金	8 159.99	7 673.38	486.61	6.34
交易性金融资产	5 080.27	4 902.99	177.28	3.62
应收票据	2 035.35	2 248.51	−213.16	−9.48
应收账款	29 200.98	29 648.39	−447.41	−1.51
预付款项	3 824.67	3 586.41	238.26	6.64
应收保费	132.57	130.53	2.04	1.56
非流动资产合计	320 885.79	282 865.30	38 020.49	13.44
资产总计	487 005.21	423 253.44	63 751.77	15.06
流动负债：				
短期借款	13 574.00	11 091.21	2 482.79	22.39
应付利息	1 935.00	1 419.78	515.22	36.29
其他应付款	4 742.27	4 760.73	−18.46	−0.39
一年内到期的非流动负债	2 662.27	2 096.75	565.52	26.97
其他流动负债	3 539.06	2 887.18	651.88	22.58
流动负债合计	370 062.81	318 632.97	51 429.84	16.14
非流动负债合计	39 681.62	33 103.10	6 578.52	19.87
负债合计	409 744.43	351 736.07	58 008.36	16.49

More

资产负债率的计算

2012年，某企业资产合计为360万元，负债合计为240万元，计算该公司的资产负债率如下：

（负债总额240万元 ÷ 资产总额360万元）× 100% = 67%

表示该企业资产负债率较为合理

利润表及其分析

企业某一期间的利润获得情况主要通过利润表显示，利润是公司的总收入减去总支出之后的净收益。老板可以从利润表上看出企业在某一生产经营期间产生了多少收入，投入了多少成本，收入减去成本之后的剩余即企业的盈余或亏损。利润是企业进行经济活动的目的，也是企业持续经营的前提，如果企业长期没有利润，那么只能面临破产或倒闭了。

什么是利润表

利润表是老板最关心的报表之一，它反映的是企业某一期间的经营成果，也是企业经营能力、发展能力的重要体现。企业存在的目的就是获得利润收益。一般来说，利润越高的企业说明其经营效益越高，赚的钱越多；相反，企业的利润越低或是亏损，说明该企业经营不善，企业的效益低下。

利润表按收入和费用的列式方法不同，分为单步式利润表和多步式利润表。我国《企业会计准则第 30 号——财务报表列报》规定，在我

小故事

利润表的由来

20 世纪 30 年代中期，麦当劳兄弟做了一份简单的财务利润表。利润表中显示，公司销售的 25 样产品中，销售汉堡包带来的收入占全部收入的 80%。于是他们决定削减掉 16 种产品，只经营几项利润占较大比例的产品，并且将汉堡包由原来的 30 美分，降到 15 美分。

利润表的格式

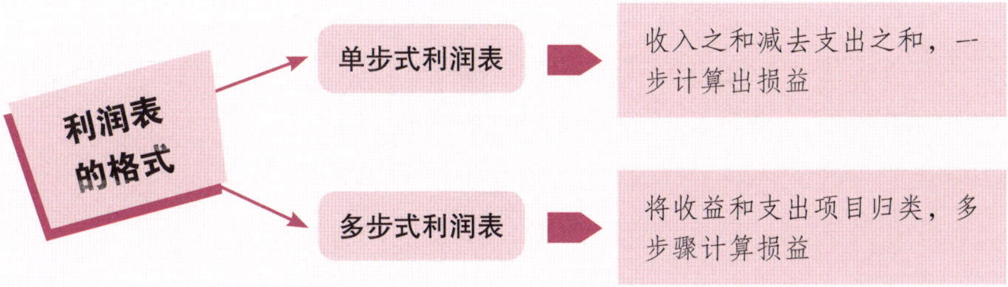

国境内企业的利润表统一采用多步式编制。

单步式利润表计算利润的方式，是将企业某一会计期间的所有收入之和减去所有费用支出之和，得出利润或亏损总额，这种一步计算损益的方式称为单步式利润表。

多步式利润表计算利润的方式，是将收入和费用项目归类，经过多个层次计算出企业的损益。这种方法更能直接反映企业利润表的数据，有助于比较同行的利润水平，分析企业经营状况和预测企业未来的发展能力。多步式利润表弥补了单步式利润表的局限性。

利润表的结构

利润表的构成是由表头、内容和表尾三个部分组成。表头主要是注明报表的名称、公司名称和日期；内容是由利润表的各个组成要素构成；表尾是公司负责人、经理以及主管会计的签章。

利润表的纵向是反映企业经济业务的各项会计科目，以及本期发生额和本年累计数。

本期发生额，指本期所有的交易进出总额量。

本年累计数，指企业各项目从年初起至本月末止的实际累计发生数。

营业收入，指企业经营业务收入的总额。

营业成本，指企业为经营业务所支出的实际成本。

营业税金及附加，指企业需交纳的营业税、消费税、城市维护建设税以及教育费附加等税款。

销售费用，指商品销售和流通过程中所产生的费用支出。

管理费用，指企业管理部门所发生的各项费用支出。

财务费用，指企业发生的利息费用等。

投资收益，指企业对外投资所获取的收益。

营业外收入，指企业副业经营中所获得的各项收入。

营业外支出，指企业副业经营中所发生的各项支出。

所得税，指企业在一定时期内应缴纳的所得税额。

利 润 表

北京大明房地产有限公司 2010年11月 单位：元

项目	行次	本月发生额	本年累计数
一、主营业务收入	1	6 717 192.00	50 062 505.98
减：主营业务成本	2	3 358 596.00	27 294 646.24
主营业务税金及附加	3	486 996.42	3 538 828.56
二、主营业务利润（亏损以“–”填列）	4	2 871 599.58	19 229 031.18
减：销售费用	5	33 585.96	563 104.21
管理费用	6	346 174.10	2 146 682.36
财务费用	7	148 412.07	1 845 632.50
三、营业利润（亏损以“–”填列）	8	2 343 427.45	14 673 612.10
加：投资收益（损失以“–”填列）	9	—	—
营业外收入	10	—	3 500.00
减：营业外支出	11	—	44 266.11
四、利润总额（亏损以“–”填列）	12	2 343 427.45	14 632 845.99
减：所得税	13	201 515.76	1 126 565.53
五、净利润（净亏损以“–”填列）	14	2 141 911.69	13 506 280.47

单位负责人：李四 财务负责人：赵军 制表人：刘敏

分析利润表

企业在某一时期的经营成果是盈利或亏损，可以通过利润表反映出来。利润表除了告诉我们企业的经营成果外，还可以从中分析一个企业的盈利能力、利润的质量、企业偿还债务能力以及影响企业利润因素等信息。因此，分析利润表，不管是对老板还是投资者、债权人都是非常重要的。

老板通过利润表的结构，可以分析出自己企业的质量，从而评价和预测企业未来的盈利情况。

Tips

总支出占利润的比例＝利润 ÷ 支出
总收入占利润的比例＝利润 ÷ 收入

若想了解企业在某一个会计时期的总收入和总支出数额，以及总收入减去总支出后的剩余是多少，即利润水平如何，我们可以通过利润的结构和反映利润质量的主营业务净利润率等财务指标进行分析。通过利润表分析企业收入形成的原因，可以知道企业的支出占收入的比重，从而分析企业的收支水平。

利润的收支结构是指企业总收入与总支出的差额比例结构，收入占利润的比值越高，说明利润的质量越高，企业的偿还能力、应对突发财务状况的能力也越强。这是以“收入－支出＝利润”这个会计等式为计算基础的。

小故事

某公司 2010 年 5 月的总收入为 20 万元，总支出为 12 万元，那么根据公式计算该公司的利润为：

收入 200 000 元－支出 120 000 元＝利润 80 000 元

利润与收入的比例：（80 000 元 ÷200 000 元）x100%=40%

利润与支出的比例：（80 000 元 ÷120 000 元）x100%=67%

分析利润表除了看利润的收支结构，还可能通过财务比率的计算分析企业的盈利能力。

反映一个公司主营业务的盈利能力的指标是主营业务利润率。主营业务也是维持企业生产经营的前提，主营业务收入是企业利润的主要来源。主营业务利润越高，说明企业的产品越有竞争力，能为企业创造更大的利润。优秀的企业，一般主营业务利润率都会比较高。如果主营业务利润低，则说明企业从主营业务收入中获取的利润较低，企业产品竞争力低，产品销量不佳。主营业务净利润受商品的价格、成本、销售费用税金等多种因素影响。因此，成本费用控制不好也会使主营业务利润率降低。

Tips

主营业务净利润率的计算公式为：（净利润 ÷ 主营业务收入）×1 00%=主营业务净利润率

主营业务净利润率是指净利润与主营业务收入的比率，是反映企业盈利能力的一项重要指标。不同行业的企业，其不同主营业务净利润率的标准也不同，工业企业一般在 20% ~ 50%，高新技术则可能高达 60% ~ 80%。

More

主营业务利润率的计算

某公司 2010 年 1 月的净利润为 30 000 元，主营业务收入净额为 60 000 元，计算该公司的主营业务净利润率为：

（净利润 30 000 元 ÷ 主营业务净利润 60 000 元）×100%= 主营业务净利润率 50%

该公司的主营业务净利润率为 50%，说明从主营业务中获得的利润较高，公司的盈利能力较强，偿还债务的能力也比较强。

现金流量表及其分析

企业在生产经营过程中，无论是哪一个环节，如采购、生产、销售，还是项目投资，都离不开现金。现金是维持企业运转的基础条件，也是企业创造价值的必要条件。企业必须有足够的现金，才能从市场上购买经营所需的各种材料和人力，企业才能从事生产经营活动，才有可能从经营过程中创造利润。企业只有通过销售产品，收回现金，才能实现价值的创造。

什么是现金流量表

现金流量表，也称账务状况变动表，它反映企业在某一时期现金和现金等价物流入和流出的报表。老板或其他报表使用者可以通过现金流量表观察企业现金的来源和去处。在企业的经营活动中，企业的现金流量在很大程度上决定着企业的生存和发展能力。现金就像企业的“血液”，任何企业的正常运转都离不开现金的支撑。企业出现亏损，只要现金流不断，还是可以持续经营、有机会反亏为盈的。如果企业现金流断了，企业的经营陷入瘫痪状态，就无法正常经营。很多企业就是因为现金流断裂而倒闭的。因此，作为企业老板，需要特别注意保证维持企业周转的现金。从企业的现金流量情况也可以看出企业的盈利能力以及企业的偿还能力。如果企业的现金周转不灵，会影响生产的正常运转，最终会影响企业的生存。所以，现金流量的管理在企业经营中是非常重要的。

Tips

现金流量表一般还附有补充资料，用以反映不涉及现金收支的投资和集资活动、将利润调整为经营活动的现金流量、现金及现金等价物增减等情况。

现金流量表

编制单位：北京芳芳水果超市　　2011 年1月　　单位：元

项　目	本期金额	上期金额
经营活动产生的现金流量		
销售商品、提供劳务收到的现金	120 000	115 000
收到的税费返还	5 000	4 600
收到其他与经营活动有关的现金	200	370
经营活动现金流入小计	125 200	120 900
购买商品、接受劳务支付的现金	60 200	60 100
支付给职工以及为职工支付的现金	11 000	10 000
支付的各项税费	20 200	20 000
支付其他与经营活动有关的现金	2 000	600
经营活动现金流出小计	95 200	90 700
经营活动产生的现金流量净额	30 000	30 200
投资活动产生的现金流量		
收回投资收到的现金	10 000	10 000
取得投资收益收到的现金	2 000	2 000
处置固定资产、无形资产和其他长期资产收回的现金净额	0	0
处置子公司及其他营业单位收到的现金净额	0	0
收到其他与投资活动有关的现金	0	0
投资活动现金流入小计	12 000	12 000
购建固定资产、无形资产和其他长期资产支付的现金	20 000	0
投资支付的现金	10 000	10 000
取得子公司及其他营业单位支付的现金净额	0	0
支付其他与投资活动有关的现金	0	0
投资活动现金流出小计	30 000	10 000
投资活动产生的现金流量净额	−18 000	2 000
筹资活动产生的现金流量		
吸收投资收到的现金	10 000	20 000
取得借款收到的现金	0	20 000
收到其他与筹资活动有关的现金	0	0
筹资活动现金流入小计	10 000	40 000
偿还债务支付的现金	20 000	0
分配股利、利润或偿付利息支付的现金	3 200	3 000
支付其他与筹资活动有关的现金	0	1 000
筹资活动现金流出小计	23 200	4 000
筹资活动产生的现金流量净额	−13 200	36 000

负责人：张三　　经理：李四　　主管会计：陈明

现金和现金流量表

现金在企业财务报表中包括两部分。现金，即企业在财会部门留存下来的企业日常经营所需要的钞票（不得超过法律允许企业留存的现金量）；约当现金，即企业在短期内可以动用的股票、债券、抵押凭证等一切有价证券。所以，在财务报表的衡量上，现金数量和财务速动比率紧密相连，一旦企业的速动比率过小，就意味着现金流面临着断裂的危险。

现金流量表中，现金不仅仅是指货币现金，还包括现金等价物。现金等价物是指企业持有的易于转变成现金的有价证券。

现金流量表的组成

现金流量表由表头、内容和表尾三个部分组成。

• 表头，包括公司名称、报表名称以及日期。

• 内容，包括经营活动产生的现金流量、投资活动产生的现金流量和筹资活动产生的现金流量项目。

• 表尾，包括会计人员、单位负责人以及主管会计的签章。

现金流量表的作用主要有以下几个方面：

• 可以用于评价和分析企业的现金获取能力。

• 可以帮助预测企业未来的现金流量和评估企业的盈利能力。

• 可以分析企业现金周转是否良好。

• 可以评价企业支付和偿还债务的能力等。

小故事

企业现金流断裂的后果

某生产企业，账面收入近百万元，这本来是个高兴的事，但老板却一脸无奈。原来，公司跟别的公司签了合同定做一批货物，货发出去了，钱却收不回来。而原材料的贷款、员工的工资、生产用水电费等已经支出去了。没有资金周转，账款的回收又没有日期。最后，这位老板只得把公司低价卖了！

现金流量表的内容

现金流量表的内容包括：经营活动产生的现金流量、投资活动产生的现金流量和筹资活动产生的现金流量。

• 经营活动产生的现金流量，是指企业主营业务的交易所产生的现金流量。其中包括销售商品、提供劳务、购买材料、生产产品、推销产品等交易事项。经营活动是企业的主业，所以，经营活动的现金流也是企业现金的主要来源。而企业的筹资活动和投资活动等属于主营业务以外的副业。

• 投资活动产生的现金流量，是指企业在各种长期投资和短期投资活动中产生的现金流量。包括长期投资、购建固定资产、处置长期资产等，所发生的现金流量就是投资活动的现金流量。

• 筹资活动产生的现金流量，是指企业在各种筹资活动中产生的现金流量。包括发行股票、购买债券、借入和偿还资金、分配利润等活动，这些活动会引起企业资本及债务规模和构成发生变化。利润的分配也属于公司的筹资活动，当企业减少对投资者的本期利润分配，或不分配，也等于是向投资者筹集资金，所以，也将利润分配计入筹资活动。

现金流量表的组成内容

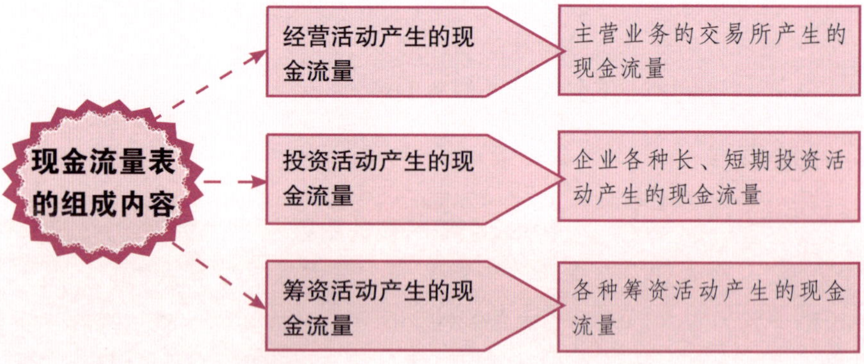

现金流量结构分析

现金流量表可以反映企业现金主要由哪些来源、去处构成。一般来说，企业经营活动中产生的现金流量是企业现金的主要来源，也是主要构成部分。经营活动的现金流量占企业总现金流量的比率越大，说明企业从日常经营活动中获取现金的能力越强；反之，经营活动的现金流量越小，表示企业资金的来源主要是通过对外投资和筹资而来。

老板可以通过现金流量表分析企业现金收支的构成，判断和评价企业经营状况和赚钱能力，以帮助规划和预测企业未来的发展能力和赚钱能力。

分析企业现金流量的结构，主要是对经营活动、投资活动、筹资活动的现金流入、流出情况进行分析，以观察企业的经营情况如何。

如某企业 2010 年 10 月的现金流入、流出情况如下：

现金流入：经营活动的现金流入为 125 200 元，占总现金流量的 85.05%；投资活动的现金流入为 12 000 元，占总现金流量的 8.15%；筹资活动的现金流入为 10 000 元，占总现金流量的 6.8%。本月现金流入合计为 147 200 元。

现金流出：在企业的总现金流出量中，经营活动的现金流出为 95 200 元，占总现金流出的 64.15%；投资活动的现金流出 30 000 元，占总现金流出的 20.22%；筹资活动流出量 23 200 元，占总现金流量的 15.63%。本月现金流出合计为 148 400 元。

现金流量图

企业现金流量比例

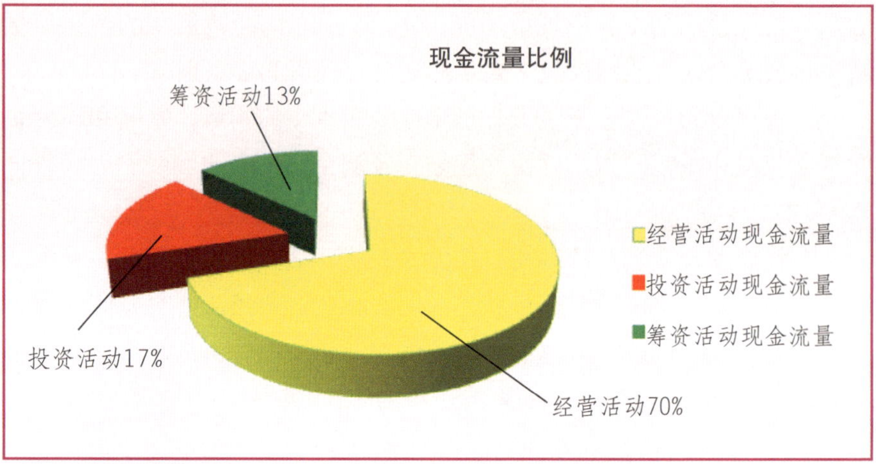

从该企业的现金流量情况可以看出：该企业的现金流量大部分是由经营活动产生，投资活动和筹资活动所占的比例较小。现金流出总量中，经营活动占64.15%，说明企业现金收入大部分来自经营活动所得，现金支出大部分用于经营费用，说明该企业的现金流量结构比较良好；而投资活动和筹资活动的流出是流入的2倍以上，表示企业本期的投资和筹资活动的投入产出率比较低下。

盈利现金比率

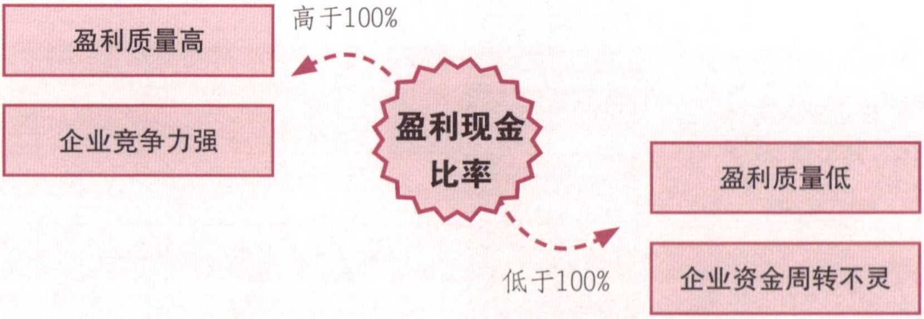

小故事

盈利现金比率的计算

A公司2010年10月，经营现金净流量为20 000元，而净利润为15 000元，计算该公司的盈利现金比率为：

（经营现金净流量20 000元 ÷ 净利润15 000元）×100%=133%

说明公司的盈利质量较好

盈利质量分析

除了现金流量结构以外，还可以根据现金流量表分析企业的盈利质量。企业的盈利质量一般可以通过盈利现金比率分析。盈利现金比率，是反映企业经营活动产生的现金净流量与净利润的比例关系，盈利现金比率越大，说明企业盈利质量越好。盈利现金比率越小，说明企业现金收入较小或没有回收的应收账款过多，导致流入企业的现金量较少，也可能出现现金周转不灵的情况。一般情况下，该比率大于100%为宜。

Tips

盈利现金比率的计算公式为：

盈利现金比率 =（经营现金净流量 ÷ 净利润）x100%

其中，经营现金净流量 = 现金流入总量 − 现金流出总量

More 现金的流入与流出结构

现金流入结构是反映企业某一时期现金总收入中，分别由经营活动、投资活动和筹资活动产生的各项现金收入占企业当期全部现金流入的比重，可以清晰地反映企业现金的收入来源构成情况。流出结构是指企业的各项现金支出占企业当期全部现金支出的比重，详细地反映现金支出情况。

所有者权益变动表及其分析

所有者权益表的报表时间一般是年度，属于动态报表，反映一定期间内公司股东权益的变动情况，公司盈余和股本增加，都会使所有者权益增加，而公司发生亏损或分配现金股利等情况，则会使所有者权益减少。

所有者权益变动的结构

所有者权益（或股东权益）变动表，是反映企业构成所有者权益的各部分某一时期的增减变动情况。对于股份制企业而言，它是股东权益变动表，是老板和股票投资者最关心的报表之一。所有者权益变动在一定程度上体现了企业综合收益的特点，除了计算所有者权益的得到和损失外，还包括最终属于所有者权益的净利润，从而构成企业的综合收益。

根据来源的不同，企业资产分为两种：一种是外借而来的，即企业的负债；另一种是由企业所有者提供，即所有者权益。企业全部资产减去全部负债后的余额，就是所有者权益。

Tips

计算所有者权益的依据是：
资产 − 负债 = 所有者权益

所有者权益变动表包括表头、正表和表尾三部分。

• 表头包括：公司名称、报表名称、日期、计量单位等。

• 正表是股东权益增减变动表的各项内容，包括股本、资本公积、法定公积、任意盈余公积、法定公益金和未分配利润等。

• 表尾是会计人员、单位负责人、主管会计的签名和盖章。

所有者权益（股东权益）变动表

编制单位:北京星星贸易有限公司　　2010年度　　单位：元

项　目	本期金额					
	实收资本(或股本)	资本公积	库存股（减项）	盈余公积	未分配利润	所有者权益合计
一、上年年末余额	1 196.47	2 933.72		1 197.96	390.37	5 718.52
加：会计政策变更						
前期差错更正						
二、本年年初余额	1 196.47	2 933.72		1 197.96	390.37	5 718.52
三、本年增减变动金额（减少以“–”号填列）						
（一）净利润					239.13	239.13
（二）直接计入所有者权益的利得和损失						
1．可供出售金融资产公允价值变动净额						
2．权益法下被投资单位其他所有者权益变动的影响						
3．与计入所有者权益项目相关的所得税影响						
4．其他						
上述（一）和（二）小计						
（三）所有者投入和减少资本						
1. 所有者投入资本						
2. 股份支付计入所有者权益的金额						
3. 其他						
（四）利润分配						
1. 提取盈余公积				125.18	125.18	0.00
2. 对所有者（或股东）的分配					358.94	358.94
3. 其他						
（五）所有者权益内部结转						
1. 资本公积转增资本（或股本）						
2. 盈余公积转增资本（或股本）						
3. 盈余公积弥补亏损						
4. 其他						
四、本年年末余额	1 196.47	2 933.72		1 323.14	145.37	5 598.70

股东权益变动表的主要项目

上年年末余额：企业上年资产负债表中实收资本（或股本）、资本公积、盈余公积和未分配利润的年末余额。

会计政策变更、前期差错更正：企业采用追溯调整法处理的会计政策变更的累积影响金额、采用追溯重述法处理的会计差错更正的累积影响金额。

净利润：企业本年度实现的净利润或净亏损金额。

上述（一）和（二）小计：企业本年度实现的净利润（或净亏损）金额和其他综合收益的合计额。

企业所有者投入的资本和减少的资本：包括实收资本和资本溢价。

利润分配：企业本年度的利润金额。包括对所有者（或股东）分配的利润（或股利）金额以及按照规定提取的盈余公积金额。

所有者权益内部结转：所有者权益各组成部分之间当年的增减变动。包括资本公积转增资本（或股本）、盈余公积转增资本（或股本）、盈余公积弥补亏损等项金额。

资本公积转增资本（或股本）：企业为扩大生产以资本公积转为资本或股本。

盈余公积弥补亏损：企业按确定提取的盈余公积金累积，弥补企业的亏损。

盈余公积转增资本（或股本）：以盈余公积金转增资本的金额。

所有者权益的主要构成

所有者权益由实收资本、资本公积、盈余公积和未分配利润四部分构成。

• 实收资本是指投资者按照企业章程、协议的约定，实际投入企业的资本。

Tips

所有者权益变动表的各个项目之间关系的计算公式是：本年年末余额 = 本年年初余额 + 本年增减变动金额

• 资本公积是指企业资本本身升值或因其他原因而产生的投资者的共同的权益。包括资本（或股本）溢价、接受捐赠资产、外币资本折算差额等。

• 盈余公积是指企业从实现的利润中提取或形成的留存于企业内部的积累。

• 未分配利润是指企业留于以后年度分配的利润或待分配利润。

所有者权益的构成

实收资本	资本公积
投资者按照企业章程、协议的约定，实际投入企业的资本	资本本身升值或其他原因而产生的投资者的共同的权益
盈余公积	**未分配利润**
企业从实现的利润中提取或形成的留存于企业内部的积累	企业留于以后年度分配的利润或待分配利润

利用财务指标分析所有者权益表

分析所有者权益变动表的常用的财务指标有资本保值增值率、资本收益率等。

资本保值增值率是企业所有者权益的期末数与期初数之间的比率，用以反映企业一定时期内的资本保值增值水平。资本保值增值率是评价企业资本运营效益和资本安全性的依据。一般来

Tips

资本保值增值率的计算公式为：

（期末所有者权益 ÷ 期初所有者权益）×100% = 资本保值增值率

说，企业的资本保值增值率越大，表示企业的所有者权益增值率越大，企业发展越好；反之，如果该比率越小，表示企业的所有者权益资本增值率越低，说明企业的经营效益不明显或偏低，企业发展则会受到限制。资本保值增值率应不低于100%为宜。

小故事

资本保值增值率计算

某企业2011年年初（期初）的所有者权益合计为200万元，期末所有者权益合计为500万元，计算该企业的资本保值增值率为：

（期末所有者权益500万元 ÷ 期初所有者权益200万元）× 100% = 250%

表示年初至年末，企业资本增值了250%

资本收益率

资本收益率是指企业净利润与平均所有者权益之间的比率，用以评价企业老板或经营者利用企业资本获取利益的能力，是企业进行投资决策的重要依据。一般来说，资本收益率越高，说明企业经营运营中获得的收益越高，企业的资本运营风险小；反之，该比率越低，说明企业经营效益不好，资本的运营风险也越大，企业的利益回收没保障。

Tips

资本收益率的计算公式为：（净利润 ÷ 平均资本）×100 = 资本收益率

其中：

平均资本 = [（实收资本年初数 + 资本公积年初数）+（实收资本年末数 + 资本公积年末数）] ÷ 2

小故事

资本收益率的计算

某企业 2009 年度，实现净利润收益为 300 万元，平均资本为 600 万元，计算该企业的资本收益率则为：

$$\frac{\text{净利润 300 万元}}{\text{平均资本 600 万元}}\times 100\% = 50\%$$

每投入 1 元钱的资本，就能获取 0.5 元的收益

资本收益率高低的影响

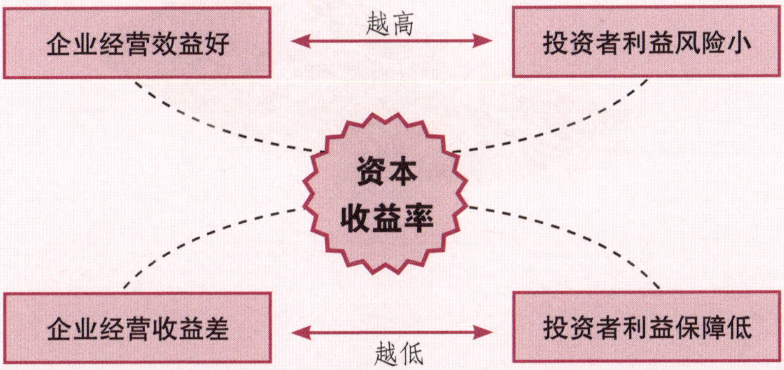

More

所有者权益的特征

所有者权益是企业投资者对企业净资产享有的所有权。投资者根据其对企业净资产占有的比例，享有分配企业利润的权益，同时也承担一定的经营风险。企业所有者还拥有法定的企业管理权和委托他人管理企业的权利。

第7章

企业整体财务分析

企业的经营业绩好不好，关键是看企业的经营效率。一般来说，经营效率高的企业，其赚钱能力和偿还能力就越强，企业的未来经营和发展前景就越好。本章教你如何利用财务比率分析会计报表，以及分析企业的经营能力、经营效率、获利能力和发展能力。

本章教你：

▶ 如何利用财务比率分析企业会计报表？

▶ 分析企业的获利能力。

▶ 判断企业的发展能力。

▶ 如何查看企业的财务结构是否稳健？

企业经营效率分析

企业进行生产经营，从投入到产出需要一定的时间，即生产周期，才能给企业带来收益。因此，资金投入运营的周期越短，资金的利用率就越高，而企业的收益也就越高。比如 1 元钱要在一定期限内周转一次可以增加 2 元钱，那么周转两次，就可以增加 4 元钱。这就是投资经营效率高低的区别。

如何判断企业的经营效率

企业的经营效率，决定着企业的投资收益率。因此，老板和投资者都需注重企业的经营效率，投资者在进行投资选择时，最看重的就是企业的经营效率。经营效率高，赚钱的概率就越高，投资的风险就越低。反之，经营效率低下的企业，通常收益也低。

老板在经营一个企业时，可以通过一些财务指标分析企业的经营效率，以便了解企业的整体运营情况。一般来说，判断企业经营效率常用的财务指标有存货周转率、应收账款周转率、总资产周转率等。存货周转率是反映企业产品的周转速度；应收账款周转率是反映企业应收账款的周转速度；总资产周转率是反映企业整体资产的运营效率。

反映经营效率的财务指标

反映经营效率的财务指标

存货周转率	反映企业产品的周转速度
应收账款周转率	反映企业应收账款的周转速度
流动资产周转率	反映企业流动资产的周转速度
总资产周转率	反映企业整体资产的运营效率

存货周转率

存货周转率是衡量和评价企业购入存货、投入生产、销售收回等各环节管理状况的综合性指标。它是销货成本被平均存货所除而得到的比率，或叫存货的周转次数，用时间表示的存货周转率就是存货周转天数。存货是企业还没变现的资产，一般存货占企业流动资产的比例比较大。因此，存货流动的快慢会影响企业投入资金的回流速度。企业存货周转速度越快，说明企业存货的流动性越强，经营效率越高。资金的回流越快，企业可投资利用的资金就多，那么赚到的钱也越多。如果企业有大量的存货堆积，不能及时回笼现金，将会导致企业资金周转困难，还会导致企业偿还债务的能力降低。无法如期偿还借款，会影响企业的声誉和信用，给企业的经营带来负面的影响。

Tips

存货周转率计算公式：

存货周转率＝（销售成本÷存货平均余额）×100%

其中，存货平均余额＝（期初存货＋期末存货）/2

企业老板应该重视对存货的分析，一般可以通过存货周转率考察企业的存货周转情况。分析企业存货的周转率，有助于老板或管理者发现企业存货管理中存在的不足，并及时进行调整，提高企业经营效率。一般来说，企业存货周转率的参考值为3。存货周转率高，表示企业产品的产销量大，产品的竞争力强。相反，存货周转率低，则说表公司产品的销量和竞争力低下。

小故事

存货周转率计算

甲企业2010年年初的存货为240万元，年末的存货为210万元，营业成本为860万元，计算其存货周转率如下：

$$\frac{\text{营业成本 860 万元}}{\text{（期初存货 240 万元 + 期末存货 210 万元）/2}} = 3.8$$

每 1 元存货会产生 3.8 倍的销售成本

不同行业性质的企业，存货周转率也不同。所以，在分析时应结合企业往期的数据，并与同类型企业进行比较，这样得出的结果更为准确、有效。

存货周转率高低对比

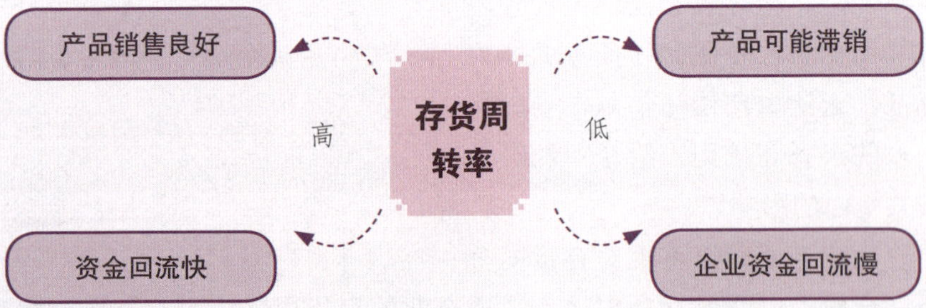

应收账款周转率

应收账款周转率是指年度内应收账款转为现金的平均次数，说明应收账款流动的速度。用时间表示的周转速度是应收账款周转天数，也叫平均应收账款回收期或平均收现期，它表示企业从取得应收账款的权利到收回款项转换为现金所需要的时间。如今大多数企业销售产品都采用赊销的方式，这就形成了应收账款。虽然产品已经卖出去，但货款还没有收回来，所以还不能给企业带来资金收入。应收账款管理对于企业来说至关重要，如果大量货款不能及时回收或成为坏账，就容易使企业的资金链连接不上，出现资金流断裂的危机，这样会给经营增加风险。

老板可以通过应收账款周转率，查看企业的应收账款回收的期限有没有过长。期限过长就要及时催款，否则会增加坏账的风险，造成企业利益受损。应收账款周转率，是指企业应收账款回收的速度。它反映公司一定期间内应收账款转为现金的平均次数。应收账款周转天数越短越好，周转天数越短，说明坏账风险越小，资金回收快，流动资金利用效率高。

Tips

应收账款周转率＝销售收入 ÷ 平均应收账款

其中，平均应收账款＝（年初应收账款＋年底应收账款）÷2

企业应收账款周转率参考值为3，应收账款的周转率低，说明债务人拖欠货款的时间越长，形成坏账或呆账的风险越大，还会导致资产流动慢，不利于企业正常经营。

流动资产周转率

流动资产周转率是销售收入与全部流动资产的平均余额的比值。流动资产周转率反映流动资产的周转速度。周转速度快，会相对节约流动资产，等于相对扩大资产投入，增强企业的盈利能力；周转速度慢，就需要补充流动资产参加周转，形成资金浪费，降低企业盈利能力。

总资产周转率

总资产周转率是销售收入与平均资产总额之间的比率，反映的是企业经营期间全部资产从投入到产出的流转速度，用以评价企业全部资产的运营效率。如 100 元钱一年周转一次，可以赚 200 元，周转两次，那就能赚 400 元钱。所以，它是企业赚钱速度快慢的体现。

总资产包括企业所拥有或控制的所有资产，如固定资产、流动资产、长期投资等。总资产周转率反映的是企业整体资产的运营能力，一般总资产周转率越高的企业，经营效率越高，盈利能力也越强。老板可以通过对总资产周转率的对比，分析企业本年度以及往年总资产运营效率变化情况，从而发现企业运营中的问题，以便采取相应措施，促使企业提高资产利用效率。也可以通过计算企业总资产周转率，分析企业的经营效率高低，从中发现企业运营中的问题，及时采取应对措施，提高资产利用效率。一般来说，企业总资产的周转速度越快越好，那表示企业产品销售量大、竞争力强，资产运营效率高。相反，总资产周转速度越慢，说明企业的经营状况不好，产品的竞争力低下，投资收益率低。

Tips

总资产周转率计算公式：总资产周转率 = 营业收入 ÷ 总资产额

总资产周转率高低比较

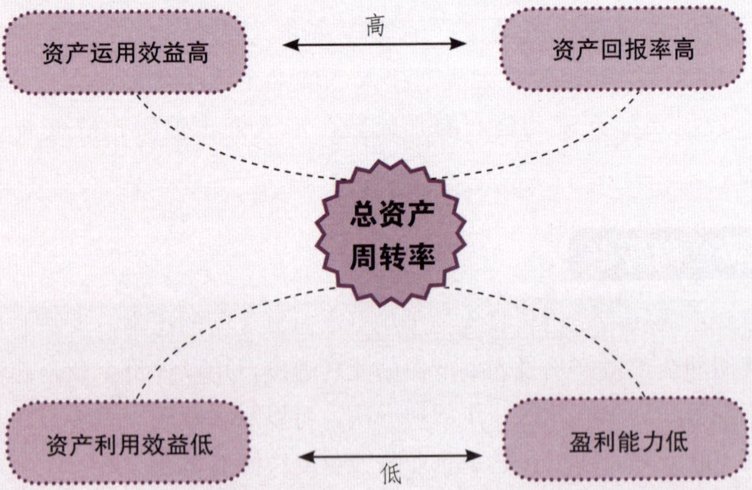

More

应收账款周转率的计算

某公司2010年年初的应收账款为48万元，年末的应收账款为42万元，销售收入为200万元，那么，计算该公司的应收账款周转率则为：

$$\frac{\text{销售收入净额 200 万元}}{（\text{年初应收账款 48 万元} + \text{年末应收账款 42 万元}）/2} = 4.4$$

说明该企业的应收账款周转率较高

企业偿债能力分析

企业的偿债能力是衡量企业财务状况的重要指标，企业偿还债务的能力大小是企业持续经营以及企业生存与发展的关键，也是企业的债权人最关注的问题之一。因此，对企业偿债能力的分析是企业财务分析的重要核心。

什么是偿债能力

在现代企业经营中，企业的资产除了老板或股东投入的部分属于企业自有资产外，还有相当大比例的资金是通过外部筹集来的。筹集来的资金就成为企业的负债，就是我们通常所说的负债经营。而企业是否能如期偿还债务，直接影响企业的生存和发展。所以，不管是企业老板，还是债权人，都非常注重企业的偿债能力。因此，对企业偿债能力的分析就显得比较重要了。

Tips

流动资产指企业短期内可快速变成现金的资产；流动负债是指偿还期限在一年以内的债务和利息。

偿债能力，是指债务到期时企业能否及时偿还债务本金和利息的能力，以及偿债的保证程度的多少。偿债能力是评价企业财务状况、经营能力好坏的重要标志。企业的经营效率高，盈利能力强，通常偿还能力也强；反之，企业经营效益低下，其偿还能力也相对较弱。分析企业的偿债能力，可以透视企业持续经营的能力和应对风险的能力，帮助老板预测企业未来的收益。

偿债能力按债务的时间期限可分为长期债务偿还能力和短期债务偿还能力。短期债务偿还能力是指企业以流动资产偿还流动负债的能力，它能够反映出企业的变现能力和财务能力。长期债务偿还能力是指企业偿还长期负债的本金和利息的能力，以及偿还债务的保证度。

企业偿债能力分类

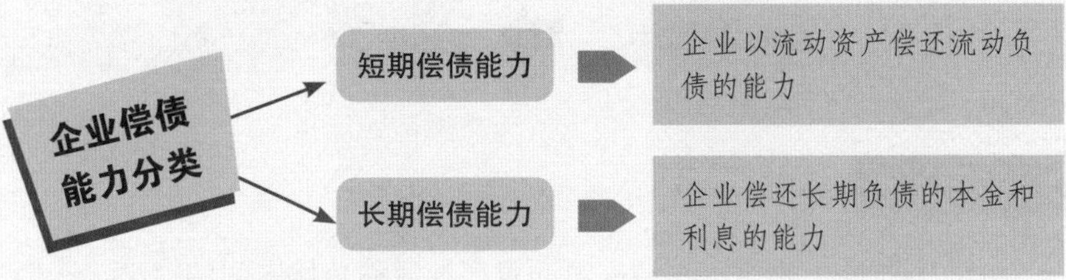

偿债能力的财务指标

对于债权人而言，企业的偿还债务能力好坏，关系到其本金和利息能否收回。对于老板而言，可以通过分析企业偿债能力，了解自身财务情况以及偿还债务的保证度，帮助理性筹资。一个企业的偿债能力好坏，可以通过一些财务指标判断。财务指标可以帮助投资人或老板了解企业举债的合理程度、经营的效益以及偿还债务的能力等。

反映企业偿债能力的指标主要有：流动比率、速动比率、现金比率、资产负债率、利息保障倍数。分析企业短期偿债能力一般用流动比率、速动比率、现金比率等。企业长期偿还能力的指标一般用有资产负债率、利息保障倍数等。

企业偿债能力的财务指标及计算公式

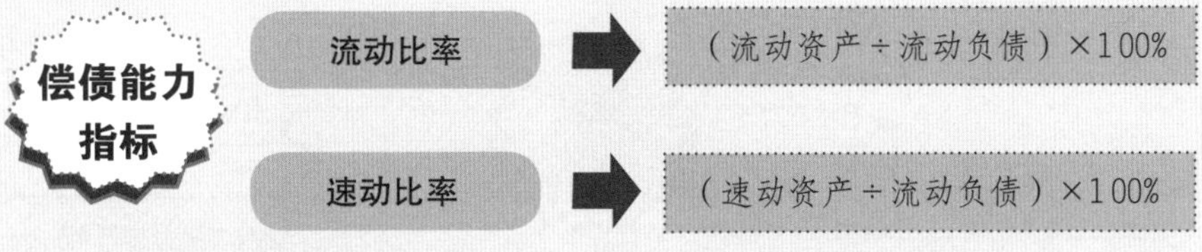

现金比率 → （现金+现金等价物）÷流动负债

资产负债率 → 负债总额÷资产总额

利息保障倍数 → （利润总额+利息费用）÷利息费用

流动比率

流动比率是企业一定时期内流动资产与流动负债之间的比率。一般可以通过企业资金流动性的大小，判断企业以流动资产偿还短期债务的能力。流动比率是评价企业偿还能力的重要指标。影响流动比率的因素主要有：营业周期的长短、应收账款的回收期限以及存货的周转速度等。一般情况下，企业的流动比率不低于200%，在这个标准以上，说明企业短期偿债能力较好；若该比率低于200%，则说明企业的财务状况不佳，偿还债务有风险。

Tips

需要注意的是，流动比率也并非越高越好，如果流动比率过高，可能是企业的短期资金利用率不高。

流动比率的计算公式为：

流动比率 =（流动资产 ÷ 流动负债）×100%

流动比率的高低比较

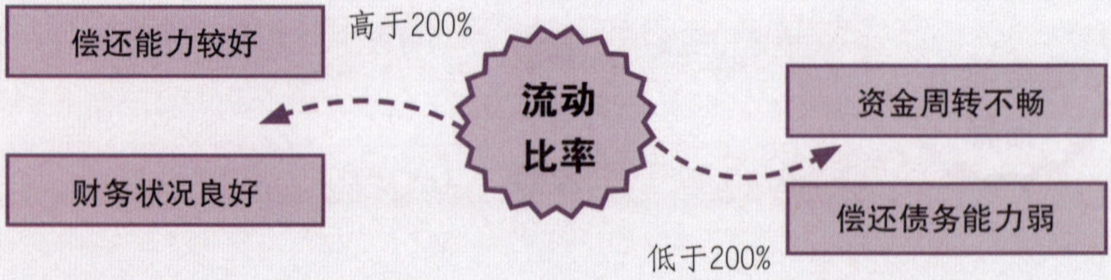

速动比率

速动比率是反映企业某一时期内速动资产与流动负债之间的比率。速动资产包括银行存款、应收账款、短期投资、应收票据和其他应收款项等。它是流动资产扣除存货、预付账款、一年内到期的非流动资产和其他流动资产等变现能力慢的资产后的余额。速动比率和流动比率作为反映企业短期偿债能力的功能基本相似。它们的区别在于，速动资产可以随时变现，用以支付流动负债，因此，速动比率是流动比率的补充和完善，它弥补了流动比率中流动资产不计为偿还支付的不足之处。一般来说，影响速动比率的主要因素是应收账款的变现能力——应收账款的回收及时程度。

Tips

速动资产的计算

速动资产是流动资产减去存货、预付账款、一年内到期的非流动资产和其他流动资产等之后的余额。

速动比率一般应等于或高于100%，高于该标准，则表示企业偿还能力较有保障，企业最快可变为现金的资产比较充足。若该指标低于100%，则表示企业短期偿还能力不理想。企业需注意保证日常经营中有充足的现金流转。

速动比率的计算公式：

速动比率 =（速动资产 ÷ 流动负债）×100%

例：某企业2010年三季度的速动资产合计为80万元，流动负债合计为100万元，计算该企业的速动比率如下：

$$\frac{\text{速动资产 80 万元}}{\text{流动负债 100 万元}}\times 100\% = 80\%$$

速动比率的高低比较

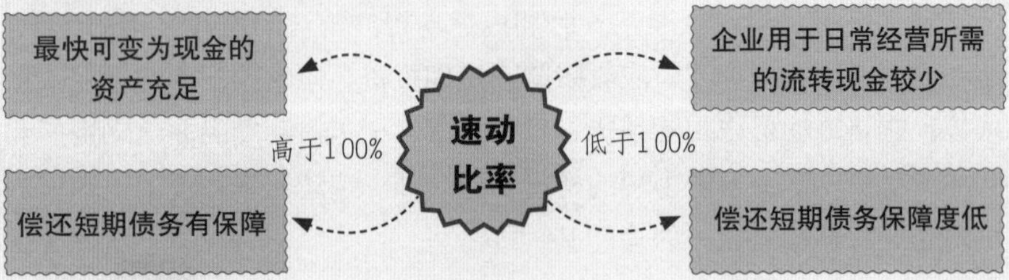

现金比率

现金比率是企业的现金资产与流动负债的比值。现金资产包括库存现金、随时可用于支付的存款和现金等价物，即现金流量表中所反映的现金及现金等价物。

现金比率可以反映企业的直接偿付能力，因为现金是企业偿还债务的最终手段——如果企业缺乏现金，就可能发生支付困难，面临财务危机。因而，现金比率高，说明企业有较好的支付能力，对偿付债务是有保障的。但是如果这个比率过高，可能意味着企业拥有过多的盈利能力较低的现金类资产，企业的资产未得到有效运用。

资产负债率

资产负债率又称负债比率，是企业负债比率与资产的比率，它反映企业资产总额中有多大比例是通过举债而得到的。

作为企业经营者，主要关心的是投资报酬的高低。企业借入的资金与股东投入的资金在生产经营中同样可以发挥作用，如果企业负债所支出的利率低于资产报酬率，企业就可以通过举债取得更多的投资报酬。如果企业负债比率很小，说明企业经营信心不足；如果企业负债比率过高，则表示企业经营风险增大。

利息保障倍数

利息保障倍数，是指企业经营中所获的息税前利润与利息费用之间的比率。利息保障倍数能够衡量企业支付债务利息能力的强弱，也是考察企业是否具有长期偿债能力的重要指标。

利息保障倍数是企业息税前利润与债务利息的倍数关系。企业息税前利润越大，说明企业经营成果越好，支付到期的债务利息比较有保障。相反，如果息税前利润小，说明企业的经营状况不佳，从主营业务获得的利润较小，因此支付到期负债的利息的保障度较低。利息保障倍数也是企业负债经营的前提条件。

一般来说，企业负债经营所获得的息税前利润与债务利息费用之比，至少要大于1。只有这样，企业才能从负债经营中获得利润。利息保障倍数越大，说明公司偿付债务利息的能力越强，企业负债经营的风险越小。反之，倍数越小，那么企业偿还债务利息的保障度就越低，负债经营的风险也越大。

Tips

息税前利润是指企业所获的利润中还没扣除税金和利息的利润。

利息保障倍数计算公式：

利息保障倍数 =（利润总额 + 利息费用）/ 利息费用

例：某企业2010年利润总额为120万元，利息费用为40万元，该企业利息保障倍数如下：

$$\frac{\text{利润总额 120 万元} + \text{利息费用 40 万元}}{\text{利息费用 40 万元}} = 4$$

利息保障倍数

利息保障倍数的高低比较

企业获利能力分析

企业的获利能力也叫盈利能力，是用于评价企业从事生产经营活动赚取利润的能力。企业从事生产经营的目的就是实现盈利，这决定着企业是否能持续经营以及未来发展的前景，也决定着老板投资企业的回报高低，是员工工资水平高低的前提。

分析企业的盈利能力

企业的盈利能力如何是老板最重视的一个问题。盈利能力可以直接反映出企业经营的业绩。企业经营获取的利润高，则说明其盈利能力强；反之，利润越低，代表盈利能力越差。因此，对于投资者而言，了解一个企业的盈利能力，可以判断其是否值得投资。对于企业老板而言，分析盈利能力有助于了解自身存在的问题，帮助经营者做出有效决策。

反映企业盈利能力的指标很多，主要有营业利润率、营业毛利率、净利率。

反映盈利能力的财务指标

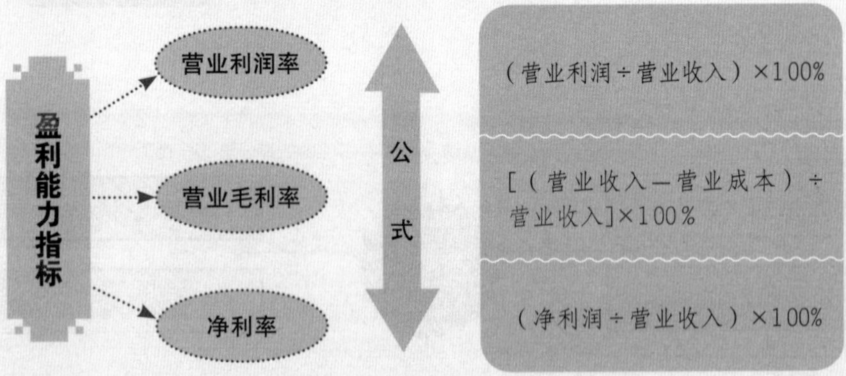

营业利润率

营业利润率是指企业一定时期内营业利润和营业收入之间的比例。它反映企业通过主营业务获取利润的能力，衡量企业在生产经营中获取利润的能力，同时也反映了企业的管理能力。一般来说，营业利润越高，企业产品越畅销，越有竞争力，获利能力越强。相反，营业利润低，说明企业的产品销量不理想，或者营业成本过高，导致营业利润降低等。因为行业的不同，营业利润率的标准也有所不同，工业企业一般 30% ～ 50% 为宜，商业企业则应在 10% ～ 25%。

Tips

营业利润率的计算公式为：

营业利润率 =（营业利润 ÷ 营业收入）×100%

小故事

营业利润率的计算

A 公司 2010 年 5 月份的营业利润为 50 万元，营业收入为 150 万元，那么该公司的营业利润率为：

（营业利润 50 万元 ÷ 营业收入 150 万元）×100% = 33%

营业利润率高低

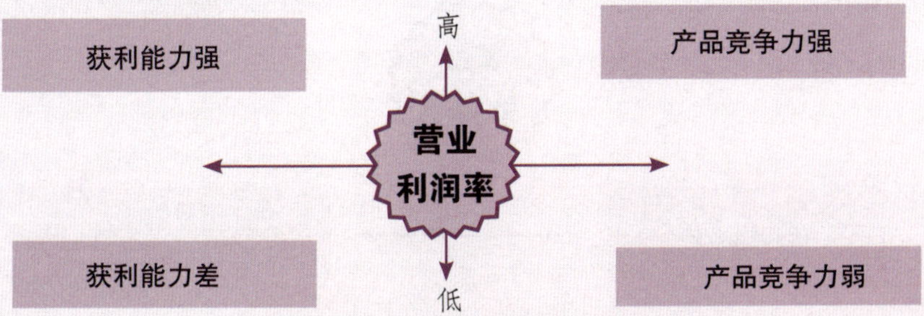

营业毛利率

营业毛利率是指企业某一段时期的营业毛利和营业收入的比率。它反映的是企业每一元的营业收入中有多少利润。营业毛利率是分析企业获利能力的重要指标，企业营业收入需扣除一定的营业成本，所剩的差额即是盈亏数。抵扣成本后所剩余的越多，说明企业的获利能力越强，赚取的利润越多，那么营业毛利也就越高。相反，营业毛利率低，表示企业的产品销售情况不好，需要调整企业的产品销售方针；或销售成本费用过大，导致毛利率偏低。企业营业毛利率的参考值一般为15%。

小故事

营业毛利率的计算

甲企业2010年的营业收入为160万元，营业成本为120万元，该企业的营业毛利率为：

$$\frac{\text{营业收入160万元}-\text{营业成本120万元}}{\text{营业收入160万元}}\times 100\% = 25\%$$

表示每一元的营业收入中有25%的毛利率

营业毛利率的高低

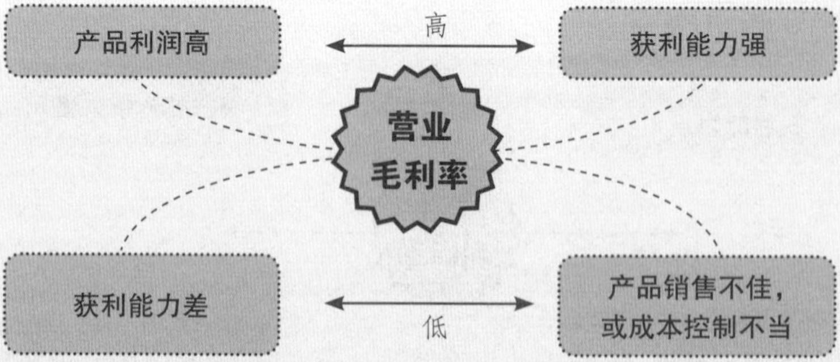

利润表

编制单位：北京光明贸易有限公司 2008年7月

编号	项目	春季度		夏季度	
		金额/万元	比例/%	金额/万元	比例/%
4110	销售收入总额	107		132	
4170	销售退货及折扣	3		2	
4100	营业收入	104	100	130	100
5110	营业成本	70.72	68	87.1	67
5910	销售毛利	33.28	32	42.9	33
	营业费用				
6300	研究发展费用	10	9.61	10	7.69
6200	行政费用	6	5.76	6.5	5
6100	管理费用	3.5	3.36	3.27	2.51
6000	合计	19.5	18.75	19.77	15.21
6900	营业利润	19.76	19	27.3	21
	营业外收入	1.05	1	1.25	1
7100	利息收入	0.05		0.05	

净利率

Tips

净利率的计算公式：净利率 =（净利润 ÷ 营业收入）×100%

净利率，也称纯利率，是企业净利润与营业收入之间的比率。净利润是企业赚钱能力最直接的反映，它表示企业投入每一元钱成本能够给企业带来多少净利润。净利率是在净利润的基础上算出来的。企业营业收入增加的同时，净利润也应相应增加，净利率才能保持不变或相应增加。如果营业收入增加，而净利润没有相应增加，则表示企业没有从增加的销售收入中获得更高利润。因此可以看出，净利率是受营业收入和净利润的相应上升或下降影响的。

企业净利率越高，说明企业的获利能力越强；反之，净利率越低，说明企业获利能力越差。净利率受行业性的影响较大，因此，净利率多少合适，需要参考同行业的平均水平。不同行业之间的可比性较小，一般来说，资本密集型的企业，如重型工业行业，净利率较高；资本密集程度较低的企业，如服务行业，通常营业净利率也较低。

净利率的高低影响

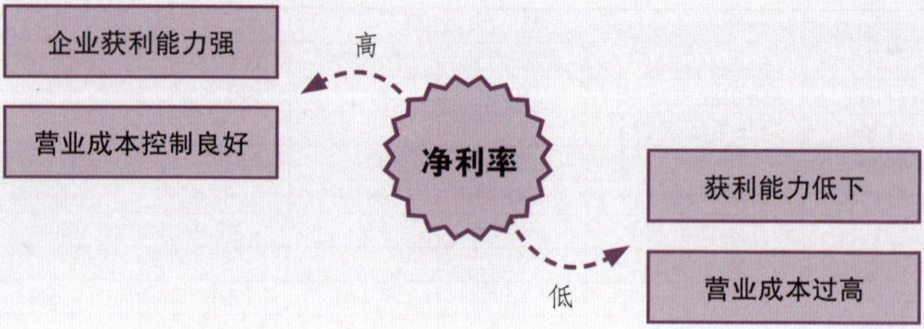

利润表

编制单位：北京达达贸易有限公司　　2008年12月

		2008年年初		2008年年末	
		金额/万元	比例/%	金额/万元	比例/%
4110	营业收入总额	1 030	100	1 103	比例 100
4170	收货退回及折扣	23	2.231	46	4.17
4100	营业收入	1 007	97.769	1 057	95.83
5110	营业成本	684.76	68	708.19	67
5910	营业毛利	322.24	32	348.81	33
7900	税前利润	241.68	24	264.25	25
8110	所得税利益（费用）	20.6	2	22.06	2
8900	净利润	226.6	22	286.78	23

More

净利率的计算

某企业2009年的税后净利润是300万元，营业收入为1 200万元，那么该公司的净利率则为：

（净利润300万元 ÷ 营业收入1 200万元）× 100% = 25%

表示营业收入中有25%为净利率

企业财务结构分析

在现代经济社会中，负债经营是企业主要采用的经营手段。观察一个企业的财务结构，主要是看其负债占总资产的比例大小，如果债务过高，说明企业的资产大部分是通过外部筹资而来的，高于一定比例时，则会出现资不抵债的情况。一个财务稳健的企业，能给其持续经营和发展带来一定的保障。

财务结构分析

企业老板应根据企业的实际情况，选择最佳的财务资本结构。稳健的财务结构是企业生存和发展的基础和前提。老板可以通过对企业的财务结构分析，观察自己企业的负债是否过高，财务结构是否合理，以判断企业未来的发展、经营能力。

财务结构是指企业全部资金构成的比例关系，包括企业自有资金（所有者权益）和外借资金（负债）。自有资金是企业资本的净值，它包括资本盈余、股本、累积盈余等；外借资金是企业的负债，有长期借款

财务结构分析指标

财务结构分析指标	
资产负债比率	企业外借资产占总资产的比例
股东权益比率	企业股东权益占资产总额的比例
长期资产适合率	企业所有者权益、长期负债相加之和，与固定资产、长期投资相加之和的比率

与短期借款等。企业的财务结构一般可以通过资产负债比率、股东权益比率、长期资产适合率等财务指标反映。

小故事

企业负债率过高的影响

某公司的资产负债率为 80%，说明该企业的自有资金占总资产的比例仅为 20%，企业负债率过高，净资产为负数，现金支付能力有一定的危机，需通过进行短期融资等活动以缓解企业的资金危机。通过财务分析，就可以及时发现该企业存在的问题，以便管理者做出有效决策。

资产负债比率

资产负债比率是指企业的总资产中有多少是通过外借而来的，即负债占资产总额的比例。它反映的是企业老板或经营者利用债权人的资金，在生产经营过程中赚取利润的能力，并反映企业偿还债务的保障程度。

Tips

资产负债比率的计算公式：资产负债比率=（负债总额 ÷ 资产总额）×100%

企业的资产负债比率，一般情况下以不超过 60% 为宜，如果负债比率超过 60%，说明企业的总资产中有 60% 是举债而来的，另外的 40% 是企业的净资产。如果负债过高，就容易出现无法偿还债务的局面。当一个企业的负债比率达到或超过 100% 时，表示该企业的净资产为负数，企业已经资不抵债，可能将面临倒闭或破产的危机。负债比率低于 60% 时，说明企业的资产有偿还债务能力，企业的财务结构较为合理。但也不是越低越好，负债比率过底，说明企业过于保守，不会充分利用负债经营来为企业赚取更多利益。

资产负债的比率因行业不同，其标准也有所不同。因此，分析该比例时，应把企业所属的行业性质考虑进去，参照同类型企业的平均水平。

资产负债表

制表单位：北京光明贸易有限公司　　2008年12月31日

资产	2008年年初/元	2008年年末/元	增减金额/元	增减幅度/%
流动资产：				
货币资金	80 010.84	58 541.68	21 469.16	36.67
应收票据	2 035.35	2 248.51	−213.16	−9.48
应收账款	29 200.98	29 648.39	−447.41	−1.51
预付款项	3 824.67	3 586.41	238.26	6.64
应收保费	132.57	130.53	2.04	1.56
资产总计	487 005.21	423 253.44	63 751.77	15.06
流动负债：				
短期借款	13 574.00	11 091.21	2 482.79	22.39
应付票据	3 001.31	2 471.36	529.95	21.44
应付账款	11 064.40	10 134.12	930.28	9.18
预收款项	6 218.15	5 748.26	469.89	8.17
应付职工薪酬	1 933.66	1 977.77	−44.11	−2.23
应交税费	2 319.22	2 771.01	−451.79	−16.30
应付利息	1 935.00	1 419.78	515.22	36.29
其他应付款	4 742.27	4 760.73	−18.46	−0.39
递延所得税负债	594.75	1 120.74	−525.99	−46.93
其他非流动负债	20 227.24	16 804.96	3 422.28	20.36
非流动负债合计	39 681.62	33 103.10	6 578.52	19.87
负债合计	409 744.43	351 736.07	58 008.36	16.49

小故事

某企业2010年的资产总额为500万元，负债总额为300万元，计算该企业的资产负债比率如下：

$$\frac{\text{负债总额 300 万元}}{\text{资产总额 500 万元}}\times 100\% = 60\%$$

资产负债比率为60%，表示该企业财务结构较为合理

资产负债比率高于同行业平均水平，说明企业的财务结构较为稳健，企业偿还债务的保障度高；反之，则说明企业的负债过高，债务风险高。

股东权益比率

股东权益比率，也称净资产比率，是股东权益与资产总额之比，用以反映企业财务结构的稳健情况。一般情况下，股东权益比率越小，表示企业的净资产占总资产的比例越低，负债的比例越高，说明企业的大部分资产是通过外部筹集而来的，需在一定期限内偿还本金和利息；而负债过高的企业，债务风险就高。企业所有者权益资产占总资产的比例越高，说明企业的资产大部分是由股东投入的资金组成，不需要偿还本金，企业负债的风险较低，企业的财务结构比较稳健。但也并非越高越好，股东权益比例过高，说明企业不善于利用资本扩大和发展企业的规模，为企业获取更大的利益。股东权益比率一般不低于30%较为适宜。

Tips

股东权益比率的公式：股东权益比率＝股东权益总额 ÷ 资产总额

股东权益比率与资产负债比率，分别从两个方面反映企业长期的财务状况，股东权益比率占总资产比例越大，资产负债比率就越小；资产负债比率大，股东权益比率就小。

小故事

甲公司的所有者权益合计数为 340 万元，总资产 900 万元，计算该公司的所有者权益比率如下：

$$\frac{\text{所有者权益 340 万元}}{\text{总资产 900 万元}}=38\%$$

所有者权益比率较理想

长期资产适合率

长期资产适合率，是指企业的所有者权益、长期负债相加之和，与固定资产、长期投资相加之和的比率。长期资产适合率可以反映企业财务结构的稳定性和持续性，从侧面透视企业的偿还债务能力。长期资产适合率的参考值为 100%，当该比率高于 100% 时，说明企业的长期资本占固定资产的比例高，资本结构比较稳健。但并非是越高越好，长期资产适合率过高会导致企业融资成本增加。相反，如果该比率低于 100%，则表示企业的流动资产占固定资产的比率高，资本的构成有些失衡，提示企业老板应调整企业流动资产与固定资产的结构比例。

Tips

长期资产适合率的计算公式为：

$$\frac{\text{所有者权益}+\text{长期负债}}{\text{固定资产}+\text{长期投资}}\times 100\%=\text{长期资产适合率}$$

长期资产也因行业的性质会有所不同。一般分析该比例时，应与同类型企业比较作为参考，如果平均水平高于同行，说明企业的财务结构较好，债务搭配也比较合理；如果低于行业的平均水平，说明企业存在以短支长的情况，财务结构不合理，将影响企业的债务偿还能力。

小故事

某企业2008年年末的所有者权益为200万元，长期负债合计为160万元，固定资产为90万元，长期投资合计为120万元。计算该企业的长期资产适合率为：

$$\frac{\text{所有者权益 200 万元} + \text{长期负债 160 万元}}{\text{固定资产为 90 万元} + \text{长期投资合计为 120 万元}} \times 100\% = 171\%$$

资本结构比较稳健

资产负债表

制表单位：北京晶晶贸易有限公司　　2008年12月31日

资产	2008年年初/元	2008年年末/元	增减金额/元	增减幅度/%
非流动资产：				
发放贷款及垫款	169 231.87	144 840.79	24 391.08	16.84
其他长期投资	34 583.74	32 117.21	2 466.53	7.68
长期股票投资	39 982.11	40 753.01	−770.90	−1.89
长期股权投资	5 056.07	4 190.19	865.88	20.66
固定资产	42 374.15	38 478.82	3 895.33	10.12
在建工程	10 168.34	7 395.53	2 772.81	37.49
流动负债合计	370 062.81	318 632.97	51 429.84	16.14
非流动负债：				
长期借款	12 119.75	10 009.69	2 110.06	21.08
应付债券	5 215.01	3 936.12	1 278.89	32.49
长期应付款	994.02	799.05	194.97	24.40

（续表）

其他长期负债	104.72	92.85	11.87	12.78
预计负债	426.13	339.69	86.44	25.45
递延所得税负债	594.75	1 120.74	−525.99	−46.93
其他非流动负债	20 227.24	16 804.96	3 422.28	20.36
非流动负债合计	39 681.62	33 103.10	6 578.52	19.87
未分配利润	15 517.98	13 306.36	2 211.62	16.62
少数股东权益	6 096.16	5 305.08	791.08	14.91
所有者权益合计	77 260.78	71 517.37	5 743.41	8.03

More

负债率多少合适?

当负债与收益的比例是1:1时，说明企业应该有偿还能力，不过还应该结合企业自身情况加以分析。如果企业的资产收益率高于负债成本率，则说明企业负债经营取得较好的收益，企业能从中获取额外利润，这时企业的产权比率可适当提高。

第8章

账务处理程序

会计核算是一个连续、循环的过程，账务处理是会计核算和监督工作的初始环节，也就是对各种凭证进行归类、汇总以及编制汇总表的过程。这个过程可以将企业各种不同性质、不同内容的经济业务进行整理，以清晰地反映企业的各种经济活动。

本章教你：

▶如何选择适合本企业的账务处理程序？

▶如何填制会计凭证？

▶如何分类会计凭证？

▶如何进行凭证汇总，如何根据汇总表登记总账？

财务处理程序概述

账务处理程序，也叫会计核算形式，是指对会计数据的记录、分类、汇总、编制报表的步骤和方法。也即整理原始凭证、汇总原始凭证，填制记账凭证、汇总记账凭证，登记总账和日记账以及明细分类账，然后编制财务会计报表的工作程序和方法等。

账务处理程序的种类

账务处理程序的形式有多种，企业如何选择或采用哪种账务处理程序，应根据实际需要确定。我国比较常用的账务处理程序主要有：记账凭证账务处理程序、汇总记账凭证账务处理程序、科目汇总表账务处理程序等。记账凭证、汇总记账、科目汇总表的账务处理程序基本相同，如在审核原始凭证、编制记账凭证、登记会计账簿、编制报表等方面的程序基本一致。不同的是，登记总分类账的依据和程序不同，总分类账的格式也不同。

账务处理的基本程序

会计工作是一个连续、循环的过程，企业需要依据一定的会计处理程序和步骤进行，从取得原始凭证、编制记账凭证、登记会计账簿到编制会计报表，是一个循环的过程。账务处理程序的基本模式可以概括为：

经济业务发生或完成时，取得或填制原始凭证；

审核原始凭证；

根据原始凭证编制记账凭证；

根据记账凭证，按经济业务发生的时间顺序登记会计账簿；

根据会计账簿编制各种财务会计报表。

账务处理的基本程序

账务处理的要求

在实际工作中，每个企业的经济业务大小、规模、业务性质不一样，因此，对设置凭证、账簿的要求也有所不同。为了确保会计工作的顺利进行和提高工作效率，企业应根据自身情况，科学、合理地选择适用的凭证、账簿和会计账务处理方法。选择账务处理程序的意义在于，有利于会计核算工作的规范，有助于提高会计核算的正确性和完整性，可以提高会计核算工作的质量和效率，减少不必要的核算环节和手续。

账务处理程序是会计核算的前提，虽然每个企业的经济性质要求其选择账务处理程序和方法有所差别，但前提必须遵循以下三个要求。

首先，选择账务处理程序要与企业的经济业务性质、规模的大小、经营管理的要求等相适应。就是说，企业在设计会计账务处理程序时，要以企业的规模大小、经济业务性质和业务的简易程度为前提，设置适合企业的账务处理程序，还要考虑会计工作的分工协作和管理需要。

Tips

账务处理系统是专门用于账务处理的计算机软件系统，是会计核算的核心。

其次，设置账务处理程序时，在确保能够及时、正确和全面地提供企业的各方面会计信息、保证会计工作质量的同时，提供使用者需要的会计信息和会计资料。

最后，设置账务处理程序除了要适合本企业的经济业务性质以外，还应当尽量简化，不要过于烦琐，减少不必要的环节。这样就可以减少不必要的人力和物力，从而提高企业会计核算工作的质量和效率。

账务处理的意义和要求

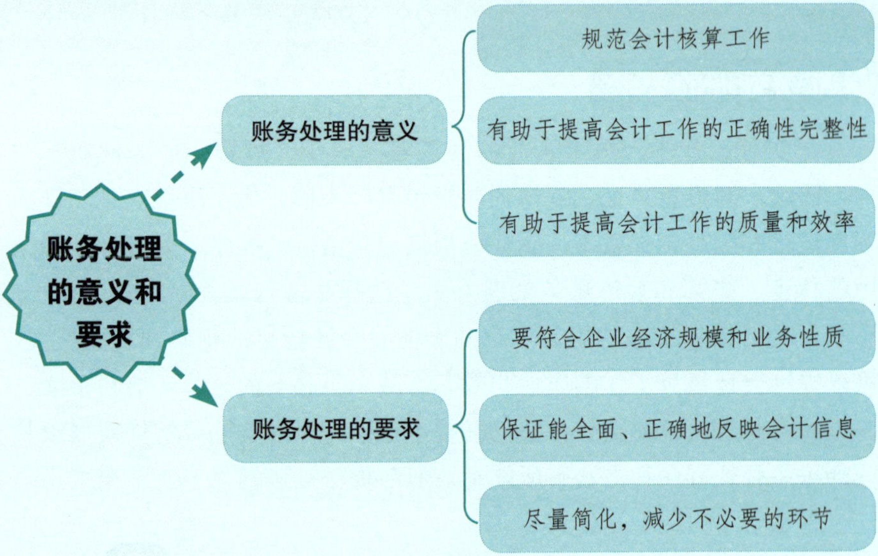

More

会计电算化的由来

会计电算化是指以电子计算机为主，将现代电子技术和信息技术应用到会计实务中。也就是说，它是用电子计算机代替人工记账、算账、报账，以及替代部分由人脑完成的对会计信息的分析和判断的过程。1981 年，中国会计学会在长春市召开的“财务、会计、成本应用电子计算机”专题讨论会上正式提出会计电算化一词。

记账凭证账务处理程序

记账凭证账务处理程序，是将反映企业发生的每一项经济业务的原始凭证或汇总原始凭证编制记账凭证，再根据记账按时间顺序逐笔登记总分类账的一种账务处理程序。记账凭证账务处理程序是最基本的账务处理程序，它的特点是直接根据记账凭证登记总分类账。其他汇总记账凭证账务处理程序和科目汇总账务处理程序等，都是在记账凭证账务处理程序的基础上发展和演变成的。

记账凭证账务处理程序的运用

记账凭证账务处理程序的特点是核算程序简单易学。它是根据记账凭证逐笔登记总分类账的，然后通过总分类账全面、系统地反映某一项经济业务的情况。这种方法比较方便会计分析和检查。但因记账凭证账务处理程序是根据记账凭证逐笔登记总分类账，所以处理起来工作量比较大，一般适用于规模较小、经济业务简单的企业和单位。在实际工作中，为了减少登记总账的工作量，通常是将同类型经济业务的原始凭证汇总，编制成原始凭证汇总表，然后再根据汇总表编制记账凭证。

采用记账凭证账务处理程序时，记账凭证的设置一般采用通用记账凭证和专用记账凭证两种。通用记账凭证是指将所有发生的经济业务都通过记账凭证编制；专用记账凭证有收款凭证、付款凭证和转账凭证三种格式，是指根据经济业务的性质特点，分别编制不同的记账凭证。

在这种账务处理程序下，需要设置的账簿主要包括特种日记账和分类账。日记账的设置，主要有库存现金日记账和银行存款日记账，一般采用三栏式格式的订本账。明细分类账的设置，根据单位经济业务的性质和管理的需要而确定，一般采用三栏式、数量金额式、多栏式等格式的活页账或卡片账。总分类账的设置，需按规定的会计科目开设账户，一般采用三栏式格式的订本账。

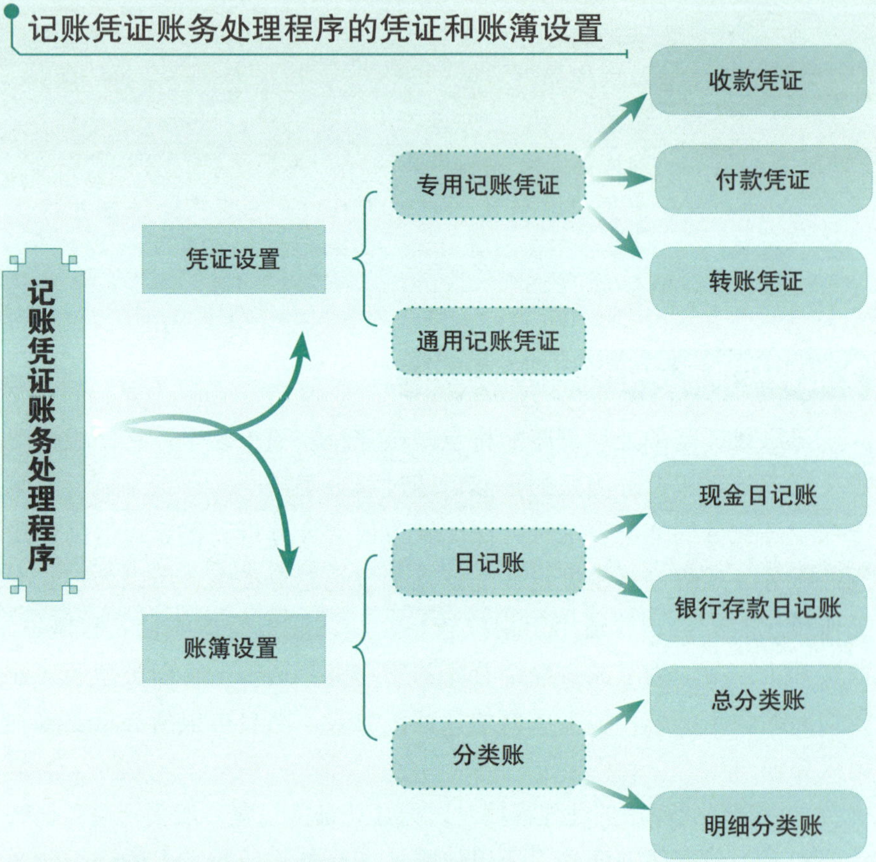

记账凭证账务处理程序的基本步骤

记账凭证账务处理程序是指对发生的经济业务事项，都要根据原始凭证或汇总原始凭证编制记账凭证，然后直接根据记账凭证逐笔登记总分类账的一种账务处理程序。它是基本的账务处理程序，一般程序是：

1. 必须根据审核无误的原始凭证填制记账凭证；

2. 必须采用科学的方法对记账凭证进行编号；

3. 对于特殊的业务，应该采用特殊的方法处理；

4. 记账凭证填制完毕，应该进行复核与检查，并按所使用的方法进行试算平衡。

记账凭证账务处理程序比较简单明了，便于理解，可以通过总分类账详细反映企业经济业务的发生情况。

记账凭证账务处理程序基本步骤

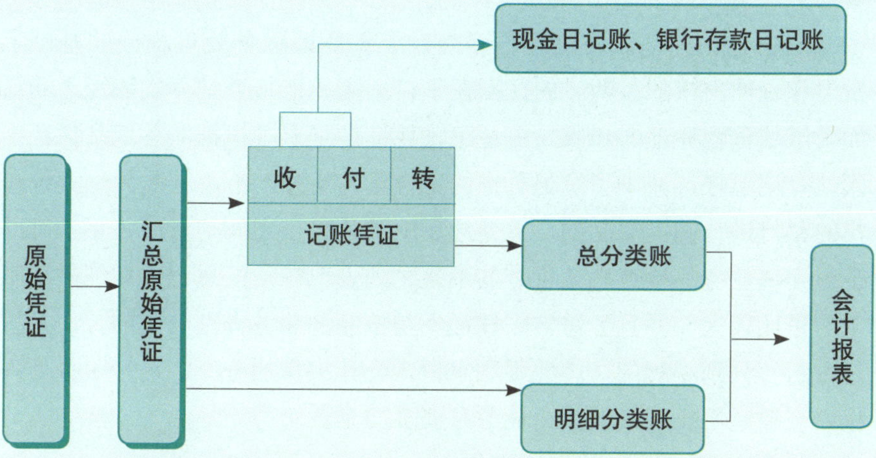

More

记账凭证账务处理程序的优缺点

记账凭证账务处理程序的优点在于，简单易学、便于理解，经济业务的发生情况可以较为详细地通过总分类账反映。其缺点在于，登记总分类账的工作量大，耗费的账页较多。

汇总记账凭证账务处理程序

汇总记账凭证账务处理程序是指根据汇总记账凭证登记总账的一种账务处理程序。即根据原始凭证或原始凭证汇总表编制记账凭证，然后定期将记账凭证分类编制汇总收款凭证、汇总付款凭证和汇总转账凭证，再根据汇总记账凭证登记总分类账。

汇总记账凭证的概述

汇总记账凭证账务处理程序是在记账凭证账务处理程序的基础上发展和延伸出来的。两者的区别在于，记账凭证与登记分类账簿之间增加了汇总记账凭证的步骤。汇总记账凭证是月末时根据汇总记账凭证一次性登记总账，减少了登记总账的工作量。另外，汇总记账凭证是按账户的科目进行归类编制的，清楚地反映了各科目之间的对应关系，有助于对经济业务的检查和分析。其不足之处表现在，汇总记账凭证的填制工作量比较大，并且汇总转账凭证不是按经济业务类型分类的，而是按贷方科目分别编制的，因此不利于日常会计工作的分工。这种账务处理程序一般适用于规模较大、业务量繁多的企业。

采用汇总记账凭证账务处理程序时，除了需要设置收款凭证、付款凭证和转账凭证之外，还要定期编制汇总收款凭证、汇总付款凭证和汇总转账凭证，然后根据汇总凭证登记日记账和分类账。账簿应设置库存现金日记账、银行存款日记账以及总分类账和各种明细分类账。

Tips

现金日记账和银行存款日记账的格式一般采用三栏式或多栏式；总分类账一般采用三栏式；明细分类账根据企业的业务需要，可选择三栏式、多栏式或数量金额式。

汇总记账凭证账务处理程序的凭证和账簿设置

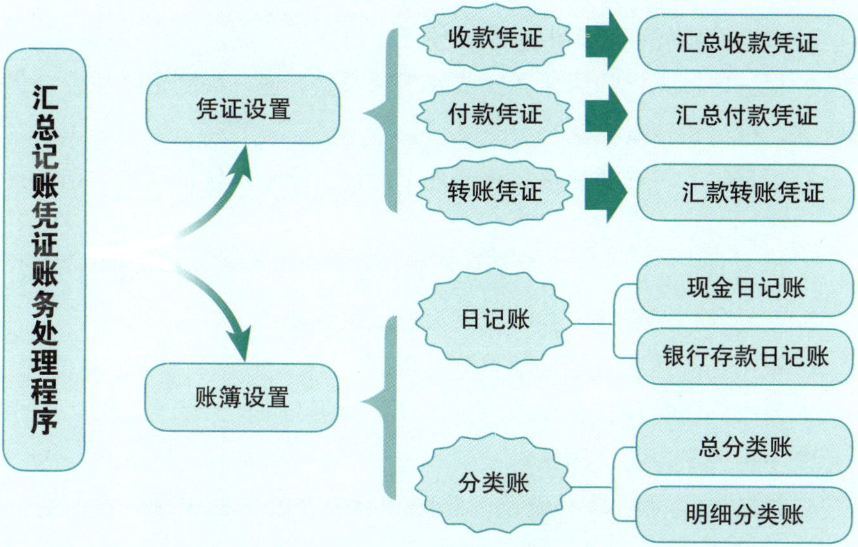

汇总收款凭证编制是根据现金和银行存款的收款凭证，按其科目的借方分别设置和按贷方科目归类和汇总。需要定期填列一次，一般是每隔 5 天或 10 天，每月编制一张汇总收款凭证。月末计算出汇总收款凭证的合计数，将它们分别登记在现金或银行存款总账的借方和与之对应账户的贷方。

汇总付款凭证的编制是根据现金或银行存款的付款凭证，按其科目的贷方分别设置，对借方科目进行归类和汇总。汇总付款凭证一般间隔 5 天或 10 天定期填列一次，每月编制一张。月末计算出汇总付款凭证的合计数，将它们分别登记在现金或银行存款总账的贷方和与之对应账户的借方。

汇总转账凭证的编制是根据转账凭证按每一科目的贷方分别设置，并按对应的借方科目进行归类汇总。一般间隔 5 天或 10 天填列一次，每月编制一张。月末计算出汇总转账凭证的合计数，将它们分别登记在各有关总账的借方或贷方。

汇总记账凭证账务处理程序的核算步骤

汇总记账凭证账务处理程序一般包括 8 个基本步骤：

1. 根据原始凭证编制汇总原始凭证；

2. 根据审核无误的原始凭证或者汇总原始凭证，编制记账凭证（包括收款、付款和转账凭证）；

3. 根据收、付款凭证逐日逐笔登记特种日记账（包括现金、银行存款日记账）；

4. 根据原始凭证、汇总原始凭证和记账凭证编制有关的明细分类账；

5. 根据各种记账凭证编制有关汇总记账凭证；

6. 根据记账凭证逐笔登记总分类账；

7. 月末，将特种日记账的余额以及各种明细账的余额合计数，分别与总账中有关账户的余额核对；

8. 月末，根据经核对无误的总账和有关明细账的记录，编制会计报表。

汇总记账凭证账务处理程序的核算步骤

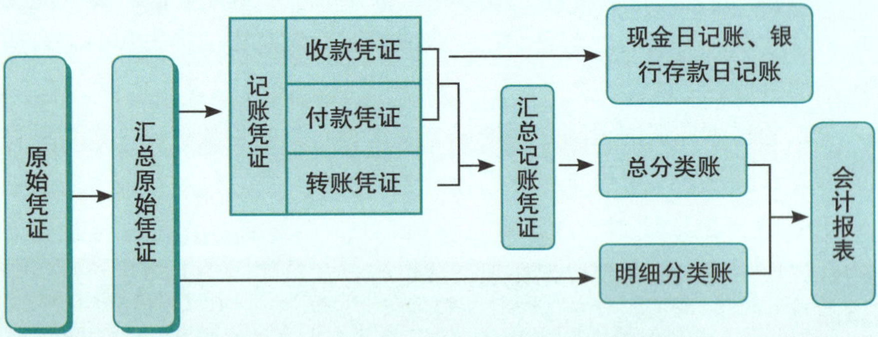

汇总记账凭证账务处理程序需要注意的事项

采用汇总记账凭证账务处理程序，是根据汇总记账凭证直接登记总分类账的。因此，减少了登记总分类账的工作量。编制凭证时，收款凭证主要是以借方科目为主，然后按与之对应的贷方科目进行汇总；付款凭证和转账凭证是以贷方科目为主，根据与之对应的借方科目进行汇总。这种方法在整理和归类凭证时比较简便，并且能保证数字的准确性。这种账务处理程序一般比较适合规模较大、业务量多的企业。但其缺点在于，总分类账的记录比较简略，不能具体反映企业的经济活动。

采用汇总记账凭证账务处理程序时，编制汇总记账凭证是关键。在实际工作中，为了便于编制汇总记账凭证，需要注意以下几点：

汇总收款凭证，应只以“现金”和“银行存款”账户的借方设置，并只以相应的贷方科目归类汇总。汇总付款凭证，应按“现金”和“银行存款”账户的贷方设置，并按相应的借方科目归类汇总。

在编制时，对只涉及现金和银行存款账户的业务，如需同时填制收、付款凭证的，应以付款凭证为据。如从银行提取现金，应根据银行存款付款凭证编制；从银行提取现金时，根据现金付款凭证编制。

汇总收款凭证和汇总付款凭证需要定期进行填列，一般每隔 5 天或 10 天填列一次，一个月填制一张汇总收款凭证。每月终了时，根据计算现金、银行存款汇总收款凭证的总额，将它们分别登记在总分类账户现金和银行存款账户的借方，以及与之对应账户的贷方。然后再将它们分别记入总分类账户现金、银行存款账户的贷方，以及与之对应账户的借方。

汇总转账凭证一般按每个科目的贷方分别设置，并根据转账凭证汇总该账户对应的借方科目。汇总转账凭证需要定期汇总填列一次，一般间隔 5 到 10 天填列一次，具体根据企业业务量大小而定，每月填制一张。

More

汇总转账凭证登记注意

填制转账凭证时只能一贷多借，不能一借多贷。月终，根据汇总转账凭证的合计数，分别登记总分类账的各个账户所属的借方和贷方。如果某个月份，贷方科目的转账凭证较少，也可不编制汇总转账凭证，直接根据转账凭证记入总分类账。

科目汇总表账务处理程序

科目汇总表账务处理程序，又称记账凭证汇总表账务处理程序，它是根据记账凭证定期编制科目汇总表，然后在此基础上编制总分类账的一种处理程序。会计必须根据单位制度定期制作并处理科目汇总表，登记总分类账。

科目汇总表账务处理程序的概述

科目汇总表财务处理程序是登记总分类账的处理程序，是在记账凭证和总分类账之间增加工具环节，是一段时间内所有收款凭证、付款凭证和转账凭证或通用记账凭证，按照科目归类汇总后的表格。

Tips

科目汇总表适用于经济业务发生较多的企业，如果企业业务往来和账务单一，那么科目汇总表没有多大意义。

会计在每月、每季度、每年结束后，将所有账目上的相同科目的借方本期发生额、贷方本期发生额，填列在科目汇总表的相关栏内。按会计科目汇总完毕以后，再将全部会计科目的借方发生额、贷方发生额分别汇总，进行借贷试算平衡。为便于科目汇总表的编制，使在分别汇总计算其借方和贷方金额时不易发生差错，平时填制记账凭证时，应尽可能使账户之间的对应关系保持“一借一贷”，避免“一借多贷”、“多借一贷”和“多借多贷”。

科目汇总表的编制程序

科目汇总表财务处理程序下的凭证与账簿设置与记账凭证账务处

账目之间对应关系

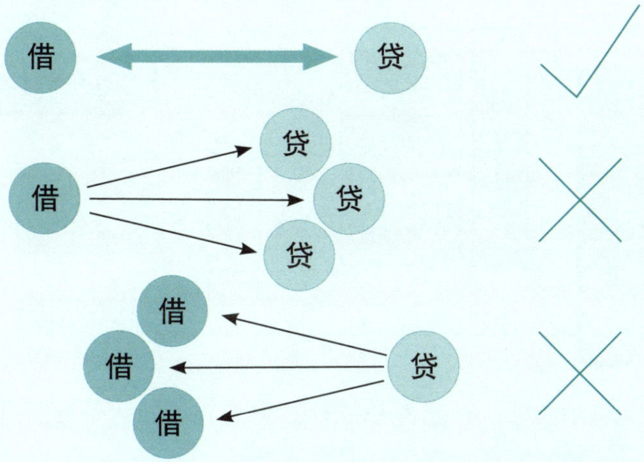

理程序相同。记账凭证需要设置收款凭证、付款凭证、转账凭证或是采用通用凭证。然后将各种凭证编制汇总记账凭证，再根据汇总记账凭证编制科目汇总表。账簿需设置日记账和分类账，日记账包括库存现金日记账和银行存款日记账，一般设置三栏式。分类账包括总账和明细分类账，通常采用三栏式总分类账，以及三栏式、数量金额式或多栏式明细账。

科目汇总表账务处理程序的优点在于，采取汇总登记总分类账的方式，不仅简化了登记总账的工作量，还可以通过科目汇总表的编制，将本期借方、贷方发生额合计进行试算平衡，便于及时检查错误，保证了记账工作的质量。其缺点在于，不分对应科目进行汇总，不能反映各科目的对应关系，不便于对经济业务进行分析和检查；如果记账凭证较多，根据记账凭证编制科目汇总表本身也是一项很复杂的工作，如果记账凭证较少，运用科目汇总表登记总账又起不到简化登记总账的作用。因此，这种账务处理程序一般适用于规模较大、经济业务较多的企业和单位。

科目汇总表账务处理程序的核算步骤是：

1. 根据原始凭证编制汇总原始凭证；

2. 根据原始凭证或汇总原始凭证，编制记账凭证；

3. 根据收款凭证、付款凭证逐笔登记现金日记账和银行存款日记账；

科目汇总表账务处理程序流程图

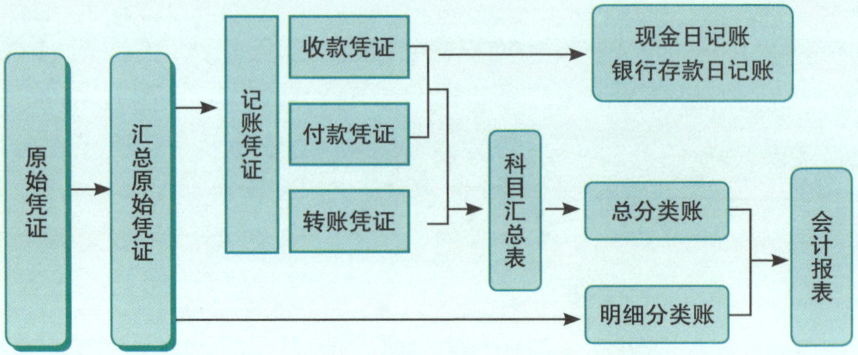

4. 根据原始凭证、汇总原始凭证和记账凭证登记各种明细分类账；

5. 根据各种记账凭证编制科目汇总表；

6. 根据科目汇总表登记总分类账；

7. 期末，现金日记账、银行存款日记账和明细分类账的余额同有关总分类账的余额核对；

8. 根据总分类账和明细分类账的记录，编制会计报表。

科目汇总表的操作

会计在依照科目汇总表账务处理程序进行科目汇总表编制时，为了减少会计误差和错误，应注意以下几点：

1. 科目汇总表必须同时登记两联，一联以借方为主体，另一联以贷方为主体，两联表格平齐，则视为科目汇总表过程无误。

2. 为了避免账务记录混乱，科目汇总表上的科目排列应与总分类账上科目排列的顺序一致——这也是为什么有些日记账上的科目明明不发生也必须留下空间的原因。

3. 科目汇总表汇总的时间不宜过长，业务量多的单位可每天汇总一次，一般间隔期为 5~10 天。如果科目汇总时间过长，就会造成汇总工作难度大，并且因为“时过境迁”，失去了用科目汇总表把握资金流动情况的意义。

科目汇总表模板

科目汇总表

2009年5月1日至10日　　记账凭证第××号至第××号　　单位：元

科目编码	会计科目	金额合计	
		借方	贷方
1001	现金	—	—
1002	银行存款	—	32 000.00
1502	累计折旧	—	8 000.00
2131	预收账款	—	—
2171	应交税金	—	—
2173	其他应交款	—	—
3131	本年利润	40 000.00	12 000.00
3141	利润分配	12 000.00	—
5501	营业费用	20 000.00	20 000.00
5502	管理费用	5 000.00	5 000.00
合计		77 000.00	77 000.00

制表：张三

需要注意的是，科目汇总表不能取代任何其他的表格，它只是一种工具。记账凭证、汇总凭证等可编也可不编科目汇总表，但是这些凭证必须保留，而资产负债表和利润表的编制只是依据总分类账和明细分类账的记录，所以，必须通过科目汇总表进行编制。

More

新老会计之科目汇总

如果去大公司的财务工作室，你就会发现，下班后老会计10分钟就能登记好科目汇总表回家，而新会计则至少需要半个钟头。这是因为老会计在每一笔业务发生时，就已非常清楚它们之间的借贷关系，并暗暗做下记号，下班后照填就可以了。而新会计则吃亏得多，只能重新从一堆表中一行行地核实计算数据，这样效率当然低得多。

第9章

财产清查和虚假报表识别

财产清查是检查财务会计记录与企业实际结存是否一致的方法，有利于老板核对企业各类资产账实是否相符。清晰的账目也可以反映企业内部管理秩序情况。如何辨别虚假财务报表，对企业老板或投资者做投资决策都有着非常重要的作用，财务清查是正确决策的前提保障。

本章教你：

- 如何清查自己的财务？
- 财务清查结果的处理。
- 认清财务报表的舞弊手段。
- 如何识别假报表？

财产清查的意义

会计工作是以记账凭证的形式记录企业各种经济活动。通过对会计资料的确认、分类、整理和汇总，最后编制财务报表，用以反映企业的财务情况和经营成果。为了保证会计数据的有效、可靠，除了做账面上的核算，还要对实际财产物资进行盘点清查，以保证会计数据与企业实际存货数据的真实性。因此，企业每隔一段时期就需要进行财产清查。

什么是财产清查

财产清查是对企业内部各种财产物资、货币资金以及往来款项进行实地盘点和核对，以检查实存数额与账面结存数额是否一致的会计方法，也是保证企业账实相符的前提。财产清查是会计工作的一部分，是为了确保会计核算和监督的有效实行，它涉及面广、工作量大，在实际工作中，企业可自行选择适宜的清查范围以及适当的时机进行财产清查。

企业的各种财产物资的增减变动和结余情况，都是通过会计账簿来记录和反映的。因此，会计工作必须按相关法律法规的要求，企业必须通过会计账簿连续、全面地记录各种财产物资的增减变动和结存情况，并要保证账簿记录与实物、款项的数据一致。在会计核算的过程中，难免会因各种因素使记账与实际变动或结存出现差异，因此，需要通过清查来辅助会计工作的准确进行。一般情况下，导致企业账实不符的主要原因有：

财产物资收发时计量错误；

账务处理时漏记、重记、错记或计算错误；

财产物资在保管过程中发生自然损耗；

未达账项，债权、债务未及时清理；

由于管理不善、营私舞弊、贪污盗窃等造成的损失；

发生自然灾害和意外事故，导致财产物资毁损等。

导致账实不符的主要原因

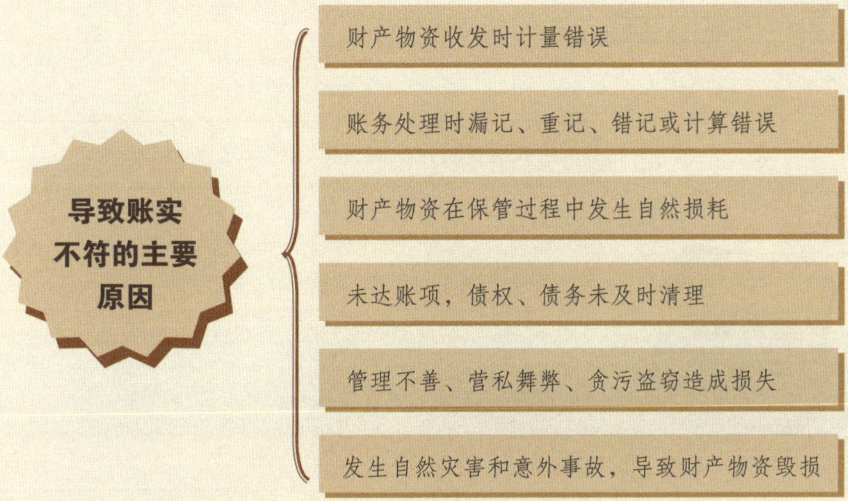

财产清查的作用

财产清查对于加强企业管理和充分发挥会计的监督作用有着重要意义。具体表现在以下方面：①核实企业各种财产物资、债权债务的实际数，查明账面与实存数之间的差异以及产生差异的原因，以便调整账面记录与实存数一致，保证各种会计核算资料的真实、可靠。②检查企业各种财产物资的库存和使用情况，发现其中存在的利用空间，使财产物资可以得到充分使用。 ③检查企业各种财产物资有无被挪用、盗窃、毁损和浪费等情况，以便及时发现，采取应对措施，加强管理。④检查企业各种往来款项的结算情况是否正常，以及工作人员是否有失职行为等，以便尽早发现债权、债务是否按时结算，避免坏账损失的发生。

财产清查的分类

财产清查按不同的标准有不同的分类。按被清查的对象和范围，可分为全面清查和局部清查。按清查时间的不同，可分为定期清查和不定期清查。企业可以根据不同情况，选择适当的财产清查方法。

财产清查的分类

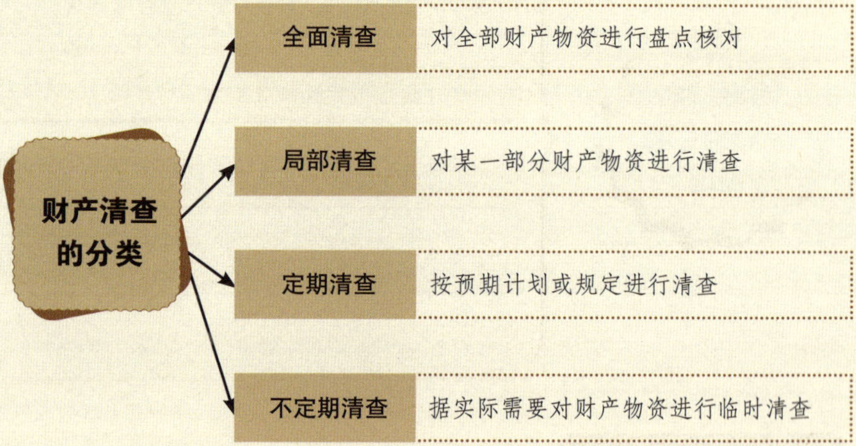

全面清查是对企业内部的全部财产物资和往来款项等进行全面盘点和清查。由于全面清查所涉及的范围较广，需要投入较多的人力物力，工程较大，一般只用于年终结算前的清查。如企业破产、合并、清产或主要负责人调离工作岗位等情况发生时，为了确定物资的数量以及明确经济责任，也需要进行全面清查。

局部清查是企业根据实际需要，对部分财产物资和往来款项等进行盘点和清查。主要对象是流量性较强的财产，如库存现金、库存商品和原材料等。局部清查的范围虽然小，涉及的人员也少，但应达到以下要求：对于企业的库存现金的清查，出纳员应做到日清月结；对于银行存款和银行借款的清查，出纳员每月至少要同银行核对一次对账单；对于原材料、在售产品和库存商品，除年度清查外，每月应有重点抽查，如贵重的财产物资，每个月应清查一次；对于债权、债务的清查，每年度内至少应核对一至两次，如有问题，应及时核对以便解决。

Tips

定期清查一般是在年末、季末或月末结账时进行。

定期清查是按照预先计划的时间对企业的财产物资进行清查。定期清查可以是全面清查也可以是局部清查，其清查形式不固定。主要是检查和及时发现账面记录与实际存数的差异，以便及时调整误差，保证会计信息的真实与完整。

不定期清查也称临时清查，是根据实际工作的需要，对财产物资进行临时性清查。不定期清查可以是全面清查，也可以是局部清查。

More　**哪些情况需要进行不定期清查**

在财产物资或现金的保管人员发生变动时，对其经管的财产进行清查；企业财产物资的负责人变动时，为了明确经济责任，而对其管理的财产物资进行清查；税务部门或其他相关部门对企业的会计信息进行审查时，根据要求进行财产物资清查，以查看企业的会计资料是否真实；企业撤销、合并、重组时，对企业所拥有的财产进行清查，评估企业的价值；发生自然灾害或营私舞弊、贪污、盗窃等情况时，需对受损的财产物资进行清查，以确定损失情况。

财产清查的方法

企业进行财产清查时，由于清查对象实物形态的不同，采用的清查方法也不同。一般常用的清查方法有两种：实地盘点法和技术推算盘点法。

财产清查的主要方法

实地盘点法，是指就在实物存放的地点，现场进行清点、计量，以确定实存数的一种方法。实地盘点法的适用范围较广，一般要求清查的数字准确，工作量比较大。

技术推算盘点法，是指利用一些技术方法，对财产物资的实存数进行推算，如通过量方、计尺等方法，计算实存物的数量和重量。这种方法一般适用于量大且很难逐个清点的财产物资。

在对财产物资盘点时，有关的财产物资管理人员必须在场并参加盘点工作，以明确经济责任。盘点的结果应如实登记在盘存单上，并由盘点参与人员和财产物资管理人员签章。盘存单是盘点财产物资实存数的书面证明，是财产清查工作的原始凭证。盘点完之后，将盘存单的数据

财产清查的流程

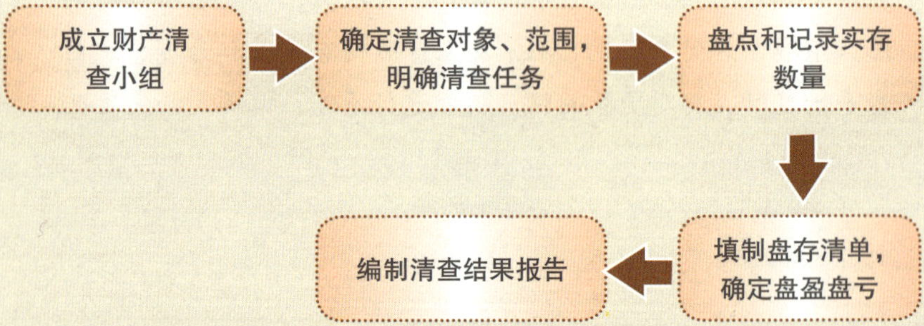

与企业账面的数据核对，如果相符则说明账实相符。如果核对发现有差异，需要确定盘盈或盘亏的数额。做法是，填制企业实存与账存的对比表，然后计算差异结果。实存账存对比是财产清查的重要报表，是分析盘盈盘亏原因以及调整账面记录的原始凭证，也是明确经济责任的重要依据。

现金的清查

清查现金主要是通过实地盘点法，清查企业库存现金的实存数，然后与现金日记账的账面余额核对，以检查盘盈盘亏情况。在现金清查的过程中，必须有出纳人员在场，以明确经济责任，并且不能用白条抵库。也就是说，不能用不具有法律效力的借条或收据等抵库存现金。现金盘点结果应及时与现金日记账核对，查看账实是否相符；并填写现金盘点报告表，并由盘点人员和出纳共同签章。现金盘点报告表是现金盘点的原始凭证，是盘存的结果，也是与账存对比表的依据。

盘存单表

单位名称： 存放地点： 编号： 财产类别： 盘点时间：

序号	名称	规格	计量单位	数量	单价	金额	备注
1							
2							
3							
4							
5							
6							
7							
8							
9							
10							

初盘： 复盘： 审核： 录入：

现金清查盘点报告表样板

单位名称：北京明明贸易有限公司　　　　　　　　　　时间：2010年7月1日

账面余额	实存金额	清查结果	说明
2 000元	1 800元		
盘盈	盘亏		
单位负责人处理意见：			
财务负责人：		出　纳：	
监盘人：		盘点人：	

财行存款的清查

银行存款清查，主要是将银行存款日记账与银行对账单逐笔核对，也就是与开户银行核对账目。如果核对两方的余额不相等，一般有两个原因，即记账错误或是未达账项。有时候即使银行或企业记账都正确，也可能出现银行存款日记账与银行对账单的余额不相等，这种情况一般是因为有未达账项导致两者的余额不相符。

未达账项是指由于企业与开户银行对于同一笔收款或付款业务取得凭证的时间不同，导致记账时间不一致，因而发生一方已取得凭证登记入账，而另一方未取得凭证登记入账的款项。未达账项主要有四种情况：

1. 企业已收，银行未收款。即企业收到各种款项，并登记入账，而银行尚未入账。

2. 企业已付，银行未付款。即企业已经付款入账，而银行尚未付款入账的款项。

3. 银行已收，企业未收款。即银行已经收到货款并登记入账，而企业尚未收到银行的收款通知，而未入账。

4. 银行已付，企业未付款。即银行已经付款入账，而企业尚未收到银行的付款通知，而未付款入账。

出现第一和第四种情况时，会使企业账面的存款余额大于银行账面的存款余额，出现第二和第三种情况时，企业账面的存款余额会小于银行账面的存款余额。

Tips

企业发生未达账项时，应编制银行存款调节表，调节后的余额如果相等，说明记账一般没有错误；调节后的余额如果不相等，则需进一步检查不符的原因。

未达账项的情况

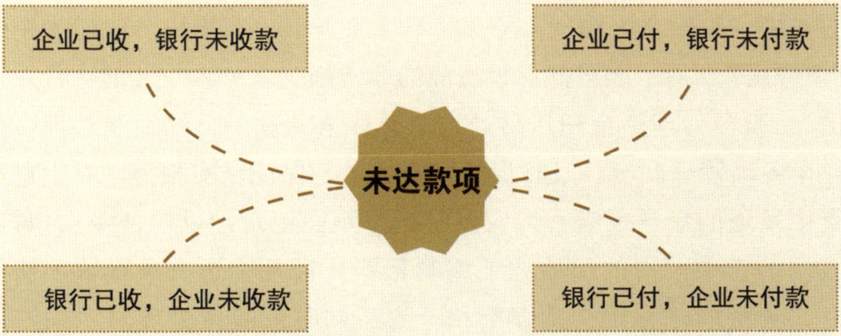

结算往来款项的清查方法

往来款项主要包括各种应收账款、应付账款、预收账款、预付账款等。往来款项一般通过“函证核对法”进行清查，也就是通过函件询证与相关经济往来单位核对账目。将每一项经济往来企业的业务发生结算情况编制一张往来款项对账单，送往各个往来经济企业。一般是一式两份，其中一份是回执，经往来单位核对签章，表示已核对，然后返还清查企业。如果核对的内容或数字不相符，对方应在往来对账单上注明情况，再做进一步的核查，直至核对无误为止。

财产清查结果处理

财产清查的结果必须按相关规定和程序进行处理。对于清查中盘盈、盘亏或是变质、损毁等问题进行分析，查明原因，经有关领导提出处理意见，然后进行会计处理。对于一些长期不清或有疑问的债权债务，也需要核准数额后上报，待批准后处理。

财产清查结果处理的要求

分析产生差异的原因和性质，提出处理建议。一般来说，个人造成的损失，应由个人赔偿；因管理不善原因造成的损失，应作为企业“管理费用”入账；因自然灾害造成的非常损失，列入企业的“营业外支出”。积极处理多余积压财产，清理往来款项。总结经验教训，建立健全各项管理制度。及时调整账簿记录，保证账实相符。对于财产清查中发现的盘盈或盘亏，应及时调整账面记录，以保证账实相符。要根据清查中取得的原始凭证编制记账凭证，登记有关账簿，使各种财产物资的账存数与实存数相一致，同时反映待处理财产损溢的发生。

财产清查的结果及处理

财产清查的结果有三种情况：盘盈，即实存数大于账存数；盘亏，即实存数小于账存数；账实相符，即实存数等于账存数。财产清查结果的处理是指对盘盈、盘亏情况的处理。另外，账实相符时，如有财产物资发生变质、毁损等自然消耗时，也是需要进行处理的。

财产清查结果发现企业实际存货大于账面数额时，其处理方法首先是查明原因。造成财务盘盈的原因主要有：在记录时可能发生错记、漏记、计算错误；在收发的过程中计算有误、检验不准确；财产在保管过程中发生的自然增量等。企业发生财产盘盈，在一定程度上将引起企业的资产增加，有关费用（成本）减少，最终导致盈利的增加。

现金短缺时的会计处理

在对库存现金清查时，发现现金短缺时的会计处理，应借记“待处理财产损溢——待处理流动资产损溢”；贷记“库存现金”。

现金溢余的会计处理

企业在库存现金清查时，发现现金溢余的，应借记“现金”；贷记“待处理财产损溢——待处理流动资产损溢”。

待查明原因时，做以下处理：

属于应支付给有关人员或单位的，应借记“待处理财产损溢——待处理流动资产损溢”；贷记“其他应付款——应付现金溢余（××）”；

对于无法查明原因的现金溢余，经批准后的会计处理为：借记“待处理财产损溢——待处理流动资产损溢”；贷记“营业外收入”。

例：甲公司2010年8月30日，在对现金进行清查时，发生溢余500元。会计处理为：

借：库存现金　500
　　贷：待处理财产损溢——待处理流动资产损溢　500

查明原因后，是少支付给某职工的差旅费，经批准后的会计处理如下：

借：待处理财产损溢——待处理流动资产损溢　500
　　贷：其他应付款——应付现金溢余（×职工）　500

银行存款清查结果处理

银行存款清查，出现银行对账单余额和企业账面余额，如果核对两方的余额不相等，原因一般有两个，即记账错误或是未达账项所导致两者的余额不相符。银行存款清查余额不相等，应检查记账是否有漏记或错记。即使有时企业记账没错，也可能出现余额不等，即可能有未达账项。这时应编制银行存款余额调节表。

银行存款余额调节表，是企业为了核对企业与开户银行的存款账面余额而编制的列有双方未达账项的一种报表。具体编制方法是，在企业与开户银行的账面余额的基础上，加上或减去一方已入账而另一方尚未入账的事项，然后再计算出双方余额，通过余额调节表调节后的余额，才是企业银行存款的实际数。

Tips

银行存款余额调节表并不能作为调账的依据，而只是查明企业与银行双方账目有无差错的一种方法。

例：某企业 2010 年 8 月 31 日，银行存款余额为 20 800 元，银行对账单余额为 24 400 元，经查对发现有以下未达账项：

1. 企业收到销货款 3 500 元，已登记入账，银行尚未入账。

2. 企业支付购料款 2 100 元，已登记入账，银行尚未入账。

3. 银行收到购货方汇来货款 6 800 元，已经登记入账，企业未收到银行的收款通知，尚未入账。

4. 银行代付电费 1 800 元，企业尚未收到银行的付款通知，尚未入账。

根据上述未达账项，编制银行存款余额调节表如下：

银行存款余额调节表

项　　目	金额/元	项　　目	金额/元
企业银行存款日记账账面余额	20 800	银行对账单余额	24 400
加：（3）银行已收，企业未收	6 800	加：（1）企业已收，银行未收	3 500
减：（4）银行已付，企业未付	1 800	减：（2）企业已付，银行未付	2 100
调节后余额	25 800	调节后余额	25 800

常见的财务报表舞弊手段

财务报表是企业经营状况全貌的真实反映，是了解一家企业最直接、有效的途径。企业的财务状况、经营成果、获利能力都可以通过财务报表呈现出来。因此，财务报表也是企业老板经营决策的重要参考信息、投资者进行投资决策的主要依据、债权人债务安全的前提保障，以及其他报表使用者了解企业经营信息的依据。由此可见财务报表的重要性。

财务报表的舞弊现象

财务报表的数据必须是真实可靠的，否则，就会误导投资和决策行为。也就是说，财务报表的数据只有是真实的记录，才能发挥其意义和作用。然而，一些企业出于某种私利，编造虚假的财务信息并向外提供，这种行为严重违犯了我国法律法规的规定。财务报表必须如实地反映企业某一会计时期的经营成果和财务状况。本章教你如何分辨企业财务报表的虚实，这样不仅可以维护自身的经济利益，还可以促进市场经济秩序良好的运转。

虚假财务报表的类别

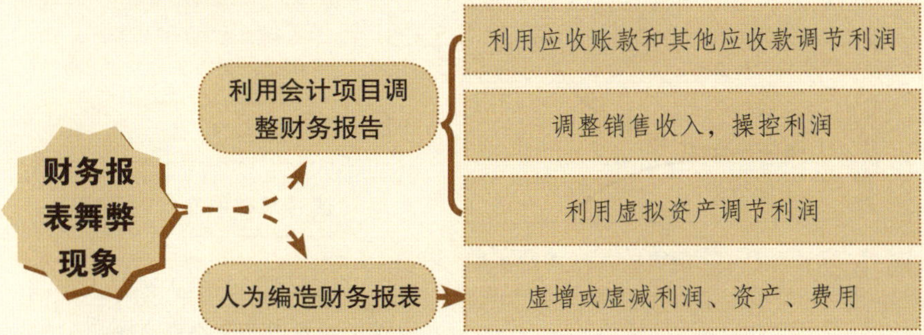

常见的虚假财务报告一般有两类：一种是人为编造报表数据；另一种是调整财务报表的项目以达到表现盈利的目的。

常见的财务报表舞弊现象

人为地编造财务报表，是企业为了满足报送对象的要求，编造有利于自身的财务数据。这种方法往往会出现账表不符或报表不平衡、报表与报表之间的数据前后衔接不上等较明显的漏洞。人为做出来的报表往往漏洞比较多，主要通过虚增或虚减利润、资产、费用等手段。

利用会计项目调整报表是财务舞弊手段较常用的一种，这种方法更为隐蔽，不容易被发现。

在实际工作中，常见的虚假财务报表舞弊方法主要有调整销售收入以操控利润、利用其他应收款和其他应付款调节利润、利用虚拟资产调节利润等手段。

利用调整销售收入操控利润

我国会计制度规定的三种收入确定方式：一是销售行为完成，不论是否收到货款都算实现销售；二是按生产进度确认；三是按合同约定确认，主要指分期付款销售方式。

销售收入的确认及舞弊现象

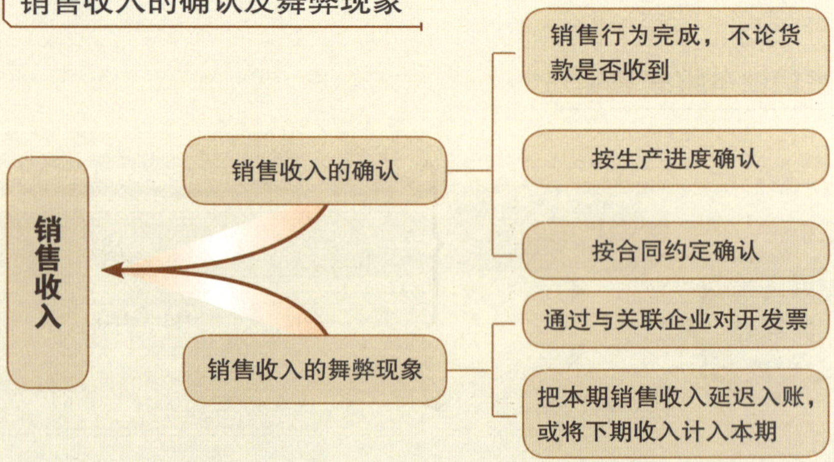

利用调整销售收入以操控利润，主要是指利用虚拟的销售行为，从表象增加企业利润的收入。主要舞弊现象有：一种是通过与关联企业对开发票的方法，虚增企业销售行为和利润。另一种是通过调整销售确认的时间，操控利润。通过把本期的销售收入延迟到下期入账，或者把下期的销售收入计入本期，以达到调整利润收入的目标，从表面上增加企业销售业绩或实现逃税的目的。

利用虚拟资产调节利润

虚拟资产是指企业已经发生的费用或损失。企业的资产是指预测能够给企业带来经济利益的资源。如果不能给企业带来经济利益，则不能确认为资产，从而就衍生了虚拟资产这一概念。利用虚拟资产调节利润，是指企业由于损失或费用过多，超过了当期所能承受限度，因此通过延迟确认费用和损失的发生，以达到调节利润的目的。一般的做法是暂时将损失或费用挂在递延资产、待处理流动资产损失和待处理固定资产损失等资产项目，待日后处理。通过延迟确认损失或少摊销损失等会计手段，达到减少企业当期的费用和损失，使利润虚增。

利用应收账款和其他应收款调节利润

大多数企业都有大量的“应收账款”和“其他应收款”，而这恰恰成了企业做假账的一个手段。应收账款主要指货款，其他应收款是指其他往来款项。其他应收款科目主要用于反映除应收账款、预付账款、应付账款、预收账款以外的其他款项。正常情况下，财务报表中的其他应

小故事

历史上重大假报表案

2001 年，美国能源交易巨头安然公司轰然倒地，进而牵出美国近几年最大的财务报告舞弊丑闻。安然公司财务报告舞弊丑闻影响逐渐蔓延，据美国报载，不少令人尊敬的大公司也涉嫌财务报告舞弊。财务造假、报表陷阱直接损害了投资者的经济利益，导致社会公众对上市公司、中介机构甚至整个资本市场的信心削弱、丧失。

收款余额不应过大。而实际中有一些企业其他应收款会大大高于应收账款。因此，投资者在阅读报表时需特别注意。

利用其他应收款进行利润调节的主要舞弊手段有：虚列应收账款、虚增销售收入以及应收销货款长期挂账等。

虚列应收账款、虚增销售收入

有些上市公司为了提高当年的利润收入，通常会与关联企业进行赊账交易。由于赊账交易不会产生现金流，它只会影响资产负债表和损益表。等到第二年年初，再用红字将此笔虚列的往来账冲掉。所以，当一些企业或上市公司的资产负债表上出现大量应收账款、损益表上的利润巨额增加，但现金流量表上没有相应的大量现金净流入时，就提醒我们应该警觉：该公司是否在利用赊账交易操纵利润。

应收销货款长期挂账

企业赊销商品或提供劳务产生的应收账款应及时收回，但一些企业为了长期占用这笔货款，迟迟不支付给供货企业。供货企业的销售人员和财会人员联合牟取利益，制造货款长期拖欠的书面现象，使企业应收销货款长期挂账。

例如，甲企业需购买 100 万元的化肥，但由于资金一时无法筹措，需拖延付款时间。供货企业销售人员得知后与财会人员出谋，决定向甲索取 5 万元延长收款费，造成应收账款长期挂账，而 5 万元则落入销售人员与会计人员的囊中。

More 利用虚拟资产调节利润

某企业 2010 年利润总额为 −100 万元，而当年公司对外投资损失了 200 万元，但年终时没有确认 300 万元的损失。通过账务操作，公司公布的净利润 =−100 万元 +200 万元 =100 万元。

通过延迟确认投资损失，利润由原来的亏损 300 万元变为盈利 100 万元，表面上实现企业盈利，就是利用未确认损失来操控企业的利润。

如何识别虚假财务报表

随着经济的不断发展，财务报表的真实性却模糊不清，各种财务报表舞弊手段层出不穷，让报表使用者为之困扰。虚假的财务报表不仅会使报表使用者（如投资人、债权人等）的经济利益受到侵害，也会扰乱市场的经济秩序。如何识别财务报表的真假，成为报表使用者面临的一个非常重要的问题。

虚假财务报表的识别方法

虚假财务报表由于真实性和正确性不能保证，弄虚作假，或多或少会在记录当中留下一些线索，可能是微乎其微，但总是有迹可循的。我们可以通过一些识别虚假财务报表的方法，将这些隐匿的痕迹挖掘出来。一般来说，虚假财务报表的识别方法主要有以下几种：分析现金流量、分析应收款项和存货、分析利润的来源等。

虚假财务报表的识别方法

分析利润的来源

企业的利润来源是由多方面构成的，利润表上的反映项目主要有主营业务收入、其他业务收入、投资收益、营业外收入和补贴收入等。正常情况下，企业的利润构成大部分是来自于主营利润收入。主营业务是企业经营的主业，也是企业维持生存的根本，所以应当占利润收入大部分份额。而其他业务收入、投资收益等的利润收入只占少部分的份额，甚至有些项目干脆就没有。

分析利润的来源，主要是看企业某一时期的利润来源结构情况。如果出现主营业务利润以外的利润来源项目占大额的利润比例等异常情况，可能是企业为了在市场上进行筹集资金等融资活动而编造的假数据。还有，通过与前几期的利润表进行比较分析，看企业各个时期的利润收入是否均衡。如企业当期的报表显示企业盈利收入较高，而前几期的盈利却很低；或前几期的利润很高，本期突然利润大跌，这些都属于不正常的报表。

利　润　表

编制公司：上海星星贸易有限公司　　2010年11月　　单位：元

项　目	行次	本月发生额	本年累计数
一、主营业务收入	1	6 717 192.00	50 062 505.98
减：主营业务成本	4	3 358 596.00	27 294 646.24
主营业务税金及附加	5	486 996.42	3 538 828.56
二、主营业务利润（亏损以“-”填列）	10	2 871 599.58	19 229 031.18
加：其他业务利润（亏损以“-”填列）	11		—
减：营业费用	14	33 585.96	563 104.21
管理费用	15	346 174.10	2 146 682.36
财务费用	16	148 412.07	1 845 632.50
三、营业利润（亏损以“-”填列）	18	2 343 427.45	14 673 612.10
加：投资收益（损失以“-”填列）	19		—
补贴收入	22		—
营业外收入	23		3 500.00
减：营业外支出	25		44 266.11
加：以前年度损益调整	26		—
四、利润总额（亏损以“-”填列）	27	2 343 427.45	14 632 845.99
减：所得税	28	201 515.76	1 126 565.53
五、净利润（净亏损以“-”填列）	30	2 141 911.69	13 506 280.47

例：某公司 2010 年 1 月的利润表本月发生的数据为：利润总额为 50 000 元，其中营业利润为 35 000 元，占利润总额 70%；投资收益为 10 000 元，占利润总额 20%；营业外收支净额为 5 000 元，占利润总额的 10%。

利润来源构成图

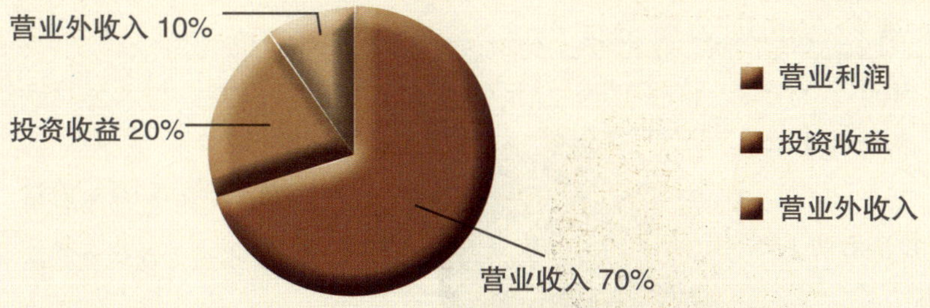

由上图可以看出，该企业的利润来源主要是营业收入，投资收益和营业外收入占总利润的比例合理。这表示构成比较合理、正常，对外投资收益率也比较高，企业经营状况良好。

分析现金流量

现金流量是企业某一经营时期内现金流入与流出的数量，可以详细地反映企业资金的来龙去脉以及企业的财务状况。现金流量的构成主要有经营活动产生的现金流量、投资活动产生的现金流量、筹资活动产生的现金流量三个方面。正常情况下，经营活动的现金流量应占总现金流量的大部分，筹资活动和集资活动则占小部分的比例。

投资活动和筹资活动的现金流量比重，因企业的投资政策和筹资政策的状况不同会有所差异。

分析现金流量，主要是指将企业某一时期经营活动产生的现金净流量以及投资活动和筹资活动的现金净流量与企业当期的主营业务利润、投资收益和净利润进行比较。如果一个企业的现金净流量低于净利润，并且长期处于低位，则可能是企业已经确认的利润是不可转化为现金流量的资产，也就是说，可能存在挂账利润而非实现的利润。为了掌握现金流量的变动情况，老板或其他报表使用者可以将不同时期的现金流量结构进行比较，分析和观察企业整体的现金流量变动情况。

正常企业的现金流量比例

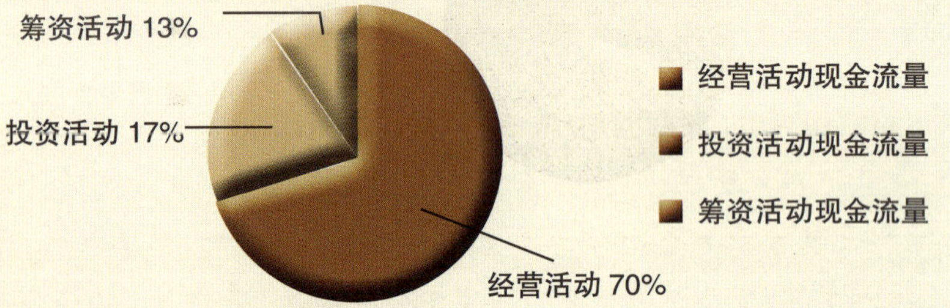

分析应收款项和存货

阅读和分析财务报表时，应多留意企业应收账款和存货的变动情况，因为很多时候企业伪造虚假报表时都是从这两方面“做动作”的。有些企业为了增加企业利润，利用与关联企业对开发票的方式，虚增企业账面的销售收入和利润。这种做法明显的弊端就是企业的存货会异常增加，存货的周转率则会下降。因而会相应虚列现为应收账款，应收账款周转率则会明显下降。如果企业的存货异常增加、应收账款周转率下降，这些信息很容易被投资者、税务机关捕捉到。因此，为掩盖这些问题，企业通常的做法是将应收账款转移至其他应收款、预付账款。先把款项转出去，再让对方打回来，打出去时挂在其他应收款或预付账款的账上，打回来作为货款确认收入。因此，分析时如其他应收款和预付账款等往来款项交易较频繁且数目较大时，则虚假销售的可能性很大。